SAMMLUNG TUSCULUM

Herausgegeben von

Karl Bayer, Manfred Fuhrmann, Gerhard Jäger

PARMENIDES

Die Fragmente

Griechisch-deutsch

Herausgegeben, übersetzt und erläutert
von
Ernst Heitsch

ARTEMIS VERLAG
MÜNCHEN UND ZÜRICH

Älteste Münze aus Elea; etwa 480–450 v. Chr. Vorderseite Löwe,
Rückseite Meeresgöttin Leukothea (? Arist. Rhet. 1400 b 6);
Aufschrift: VEΛH = 'Υέλη = Elea-Velia.

CIP-Titelaufnahme der Deutschen Bibliothek

Parmenides:
Die Fragmente : griechisch-deutsch
Parmenides. Hrsg., übers. u. erl. von Ernst Heitsch.
München ; Zürich : Artemis-Verl., 1991
(Sammlung Tusculum)
ISBN 3-7608-1570-7
NE: Heitsch, Ernst [Hrsg.]

2., durchgesehene und erweiterte Auflage

© 1991 Artemis Verlag München und Zürich,
Verlagsort München.
Alle Rechte, einschließlich derjenigen des auszugsweisen
Abdrucks und der photomechanischen Wiedergabe, vorbehalten.
Druck: Laupp & Göbel, Nehren b. Tübingen
Printed in Germany

INHALT

	Text	Kommentar
B 1	8	130
B 2	14	139
B 3	16	143
B 4	18	146
B 5	20	147
B 6	22	148
B 7 + 8	24	152
B 9	36	182
B 10	38	185
B 11	40	187
B 12	42	188
B 13	44	190
B 14	46	190
B 15	46	190
B 16	48	191
B 17	50	200
B 18	50	200
B 19	52	202

Einführung

I	Vorbemerkung	55
II	Zur Person des Parmenides	58
III	Zu Form und Inhalt des Lehrgedichts	62
IV	Die Wege und die Grundalternative (Satz vom ausgeschlossenen Dritten)	85
V	ἀλήθεια als Evidenz	90
VI	Zu den Wörtern νόος und νοεῖν	99
VII	Der Grundbegriff εἶναι	105

Nachtrag 204
Literaturverzeichnis 205

Ἐπειδὴ τοίνυν ἡμεῖς ἠπορήκαμεν, ὑμεῖς αὐτὰ ἡμῖν ἐμφανίζετε ἱκανῶς, τί ποτε βούλεσθε σημαίνειν ὁπόταν ὂν φθέγγησθε. δῆλον γὰρ ὡς ὑμεῖς μὲν ταῦτα πάλαι γιγνώσκετε, ἡμεῖς δὲ πρὸ τοῦ μὲν ᾠόμεθα, νῦν δ' ἠπορήκαμεν.

Da wir nun ratlos sind, so macht ihr uns ausreichend klar, was ihr denn eigentlich meint, wenn ihr den Ausdruck ‚seiend' gebraucht. Denn offenbar wisst ihr darüber seit langem Bescheid, wir dagegen glaubten einst es zu verstehen, jetzt aber sind wir in Verlegenheit gekommen.

Platon, Sophistes 244 a

B 1

ἵπποι ταί με φέρουσιν, ὅσον τ' ἐπὶ θυμὸς ἱκάνοι,

πέμπον, ἐπεί μ' ἐς ὁδὸν βῆσαν πολύφημον ἄγουσαι

δαίμονος, ἣ κατὰ πάντ' ἄστη φέρει εἰδότα φῶτα·

τῇ φερόμην· τῇ γάρ με πολύφραστοι φέρον ἵπποι

ἅρμα τιταίνουσαι, κοῦραι δ' ὁδὸν ἡγεμόνευον.   5

ἄξων δ' ἐν χνοίῃσιν ἵει σύριγγος ἀυτὴν

αἰθόμενος· δοιοῖς γὰρ ἐπείγετο δινωτοῖσιν

κύκλοις ἀμφοτέρωθεν, ὅτε σπερχοίατο πέμπειν

Ἡλιάδες κοῦραι, προλιποῦσαι δώματα νυκτὸς

εἰς φάος, ὠσάμεναι κράτων ἄπο χερσὶ καλύπτρας.   10

1-30 Sext. adv. math. 7,111 (cod. N s. XIII; codd. LE s. XV)

1 ταί LE: θ' αἴ N   3 δαίμονες Stein / πάντ' ἄστη N: πάντατη L, πάντα τῇ E   6 Diels (χνοιῆς ἵει Karsten): χνοίησινι N, χνοιῆσιν LE   7 L: αἰθόμενοι E, αἰρόμενος N   10 φῶς N / Karsten: κρατερῶν codd.

B 1

Die Pferde, die mich fahren so weit nur der Wille dringt,

zogen voran, da sie mich auf der Göttin vielkündenden Weg
gebracht hatten, der den wissenden Mann durch alle Städte führt.
Auf diesem Weg fuhr ich; denn dort fuhren mich die kundigen Pferde
den Wagen fortreißend; und Mädchen lenkten die Fahrt.

Die Achse in den Naben gab einen hellen Pfeifton,

glühend; denn getrieben ward sie von zwei wirbelnden

Rädern zu beiden Seiten, wenn eiliger leiteten

die Sonnentöchter, hinter sich lassend das Haus der Nacht,

dem Lichte zu, stoßend vom Kopf mit der Hand den Schleier.

---

1 B 770 ἵπποι θ' οἵ φορέεσκον / Γ 12 (Η 451.458), Ο 358, Φ 251, ν 114 ὅσον τ' ἐπὶ
2 Hes. Op. 659 ἔνθα με τὸ πρῶτον λιγυρῆς ἐπέβησαν ἀοιδῆς
3 α 3 πολλῶν δ' ἀνθρώπων ἴδεν ἄστεα. ο 492, π 63, τ 170, ψ 267 πολλὰ βροτῶν ἐπὶ ἄστεα. Orph. fr. 47,3 διὰ πάντ' ἄστη
4 Β 838, Μ 96, Ν 31 φέρον ἵπποι
5 Β 390, Μ 58 ἅρμα τιταίνων / ζ 261, η 30, κ 501, ω 225 ὁδὸν ἡγεμονεύσω
6 Hes. scut. 278 συρίγγων ἵεσαν αὐδήν
7 Ε 622, Ν 511 ἐπείγετο γάρ. ν 115 γὰρ ἐπείγετο
8 Τ 317, ν 22 ὁπότε σπερχοίατ'
9 h. Apol. 157 κοῦραι Δηλιάδες
10 Α 530, Υ 5 κρατὸς ἀπ' / h. Cer. 197 χερσὶ καλύπτρην / θ 88 κεφαλῆς ἀπὸ φᾶρος ἕλεσκεν. Hes. Th. 574 κατὰ κρῆθεν δὲ καλύπτρην

ἔνθα πύλαι νυκτός τε καὶ ἤματός εἰσι κελεύθων,

καί σφας ὑπέρθυρον ἀμφὶς ἔχει καὶ λάινος οὐδός·

αὐταὶ δ' αἰθέριαι πλῆνται μεγάλοισι θυρέτροις·

τῶν δὲ Δίκη πολύποινος ἔχει κληῖδας ἀμοιβούς.

τὴν δὴ παρφάμεναι κοῦραι μαλακοῖσι λόγοισιν 15

πεῖσαν ἐπιφραδέως, ὥς σφιν βαλανωτὸν ὀχῆα

ἀπτερέως ὤσειε πυλέων ἄπο· ταὶ δὲ θυρέτρων

χάσμ' ἀχανὲς ποίησαν ἀναπτάμεναι πολυχάλκους

ἄξονας ἐν σύριγξιν ἀμοιβαδὸν εἰλίξασαι

γόμφοις καὶ περόνῃσιν ἀρηρότε· τῇ ῥα δι' αὐτέων 20

ἰθὺς ἔχον κοῦραι κατ' ἀμαξιτὸν ἄρμα καὶ ἵππους.

---

13 EL: πλὴν θ' αἱ N   **14** ed. Genav. a. 1621: δίκην codd.
20 Bergk: ἀρηρότα codd. / G. Hermann: ᾗ codd.

Dort ist das Tor der Wege von Nacht und Tag,

und ein Türsturz umschließt es und eine steinerne Schwelle.
Das Tor selbst, himmelshell, ist ausgefüllt mit großen Türflügeln.
Zu diesem Tor aber hat die vergeltende Dike die ein- und auslassenden Schlüssel.
Ihr nun sprachen die Mädchen zu mit sanften Worten

und beredeten sie kundig, daß sie ihnen den mit Bolzen versehenen Riegel
geschwind vom Tor zurückschöbe. Das aber flog auf und

machte weit den Schlund der Türflügel, indem es die erzbeschlagenen
Pfosten, mit Zapfen und Dornen eingefügt, nacheinander

in den Pfannen drehte. Dort also mitten hindurch

gerade dem Wege nach lenkten die Mädchen Wagen und Pferde.

---

11 x 86 ἐγγὺς γὰρ νυκτός τε καὶ ἤματός εἰσι κέλευθοι / λ 183, ν 338, π 39 νύκτες τε καὶ ἤματα / K 66 εἰσὶ κέλευθοι
11–12 Θ 15 ἔνθα σιδήρειαί τε πύλαι καὶ χάλκεος οὐδός
12 α 54 (γ 486, ο 184) ἀμφὶς ἔχουσι (ἔχοντες) / I 404, ϑ 80, π 41, ρ 30, υ 258, ψ 88 λάινος οὐδός
14 Orph. fr. 158 τῷ δὲ Δίκη πολύποινος
15 Hes. Th. 90, h. Cer. 336 μαλακοῖσι παραιφάμενοι ἐπέεσσιν. Ζ 337, κ 422 μαλακοῖς ἐπέεσσιν. Μ 249, β 189 παρφάμενος ἐπέεσσιν. α 56 μαλακοῖσι καὶ αἱμυλίοισι λόγοισιν
16–17 Φ 537 οἱ δ' ἄνεσάν τε πύλας καὶ ἀπῶσαν ὀχῆας
20–21 E 752 τῇ ῥα δι' αὐτάων κεντρηνεκέας ἔχον ἵππους
21 Μ 124 τῇ ῥ' ἰθὺς φρονέων ἵππους ἔχε / X 146, h. Cer. 177 κατ' ἀμαξιτόν / Θ 438, Ψ 334, Ω 440 ἅρμα καὶ ἵππους

καί με θεὰ πρόφρων ὑπεδέξατο, χεῖρα δὲ χειρὶ
δεξιτερὴν ἕλεν, ὧδε δ' ἔπος φάτο καί με προσηύδα·
ὦ κοῦρ' ἀθανάτοισι συνάορος ἡνιόχοισιν,
ἵπποις ταί σε φέρουσιν ἱκάνων ἡμέτερον δῶ,
χαῖρ', ἐπεὶ οὔτι σε μοῖρα κακὴ προὔπεμπε νέεσθαι
τήνδ' ὁδόν – ἦ γὰρ ἀπ' ἀνθρώπων ἐκτὸς πάτου ἐστίν –
ἀλλὰ θέμις τε δίκη τε. χρεὼ δέ σε πάντα πυθέσθαι
ἠμὲν ἀληθείης εὐπειθέος ἀτρεμὲς ἦτορ
ἠδὲ βροτῶν δόξας, ταῖς οὐκ ἔνι πίστις ἀληθής·
ἀλλ' ἔμπης καὶ ταῦτα μαθήσεαι, ὡς τὰ δοκοῦντα
χρῆν δοκίμως εἶναι διὰ παντὸς πάντα ⁺περῶντα⁺.

28–32 Simpl. de Caelo 557 (cod. A s. XIII–XIV; cod. D s. XIV; cod. E s. XIII; cod. F s. XV) 28–30 Diog. L. 9,22 29–30 Plut. mor. 1114 DE; Clem. Alex. Strom. V 59 (II p. 366 St.); Procl. Tim. I 345

25 E: ἵπποι LN 29 εὐπειθέος Plut., Sext., Clem., Diog.: εὐφεγγέος Procl., εὐκύκλιος (εὐκυκλέος) Simpl. A (DE) / Clem., Sext. (114), Procl., Simpl.: ἀτρεκές Plut., Sext. (111), Diog. 30 αἷς Plut., Procl. / οὐκέτι Diog. 31 DE: μαθήσεται A, μυθήσομαι F 32 περῶντα A: περ ὄντα DEF

Und freundlich empfing mich die Göttin, ergriff meine

Rechte, redete mich an und sagte das Folgende:

Jüngling, Gefährte unsterblicher Lenkerinnen,

der du mit den Pferden, die dich fahren, zu unserm Haus gelangt bist,
Heil dir! Denn kein schlechtes Geschick sandte dich

auf diesen Weg – er liegt wahrlich abseits vom Wandel der Menschen –
sondern die Mächte des Angemessenen und Notwendigen.
Du sollst aber alles erfahren,
sowohl der überzeugenden Evidenz unerschütterliches Herz
wie auch die Eindrücke der Menschen, die ohne evidenten Beweis sind;
gleichwohl wirst du auch das hören, wie das Geltende

notwendigerweise gültig sein mußte durch alle Zeit hin insgesamt (....).

22-23 Ι 480, β 387, ξ 54, υ 372, ψ 314 ὁ δέ με πρόφρων ὑπέδεκτο / Φ 286 χειρὶ δὲ χεῖρα λαβόντων / Η 108, Ξ 137 δεξιτερῆς ἕλε χειρός. α 121 χεῖρ' ἕλε δεξιτερήν. σ 258 δεξιτερὴν ἐπὶ καρπῷ ἑλὼν ἐμὲ χεῖρα προσηύδα / Ζ 253 etc., β 302 etc. ἔν τ' ἄρα οἱ φῦ χειρὶ ἔπος τ' ἔφατ' ἔκ τ' ὀνόμαζε

25 Σ 385.424, (β 262), δ 139 ἱκάνεις ἡμέτερον δῶ

26 υ 90 χαῖρ' ἐπεὶ οὐκ / Ν 602 μοῖρα κακή / Φ 598, (δ 8), ν 206, φ 374, ψ 23 ἔκπεμπε νέεσθαι

27 Ζ 292, ζ 165 τὴν ὁδόν / Ζ 202 πάτον ἀνθρώπων ἀλεείνων. ι 119 πάτος ἀνθρώπων / ν 123 ἐκτὸς ὁδοῦ. ρ 234 ἐκτὸς ἀταρπιτοῦ

28 Κ 211 πάντα πύθοιτο. δ 494 πάντα πύθηαι. ο 377 ἕκαστα πυθέσθαι

30 Ψ 104 οὐκ ἔνι. Ξ 141 ἐπεὶ οὔ οἱ ἔνι

31 Θ 33.464, δ 100, ξ 214, π 147, υ 311, ψ 83 ἀλλ' ἔμπης / Ζ 150, Τ 213 καὶ ταῦτα δαήμεναι. Κ 427 καὶ ταῦτα

B 2

εἰ δ' ἄγ' ἐγὼν ἐρέω, κόμισαι δὲ σὺ μῦθον ἀκούσας,

αἵπερ ὁδοὶ μοῦναι διζήσιός εἰσι νοῆσαι.

ἡ μὲν ὅπως ἔστιν τε καὶ ὡς οὐκ ἔστι μὴ εἶναι,

πειθοῦς ἐστι κέλευθος· ἀληθείῃ γὰρ ὀπηδεῖ.

ἡ δ' ὡς οὐκ ἔστιν τε καὶ ὡς χρεών ἐστι μὴ εἶναι,

τὴν δή τοι φράζω παναπευθέα ἔμμεν ἀταρπόν·

οὔτε γὰρ ἂν γνοίης τό γε μὴ ἐὸν - οὐ γὰρ ἀνυστόν -

οὔτε φράσαις.

1–8 Procl. Tim. I 345 Diehl 3–8 Simpl. Phys. 116s 5–6 Procl. Parm. 1078 Cousin

1 Karsten: ἄγε τῶν Procl. 4 Bywater: ἀληθείῃ Procl., Simpl.
6 Simpl.: παναπειθέα Procl. 7 Simpl.: ἐφικτόν Procl.

B 2

Ich werde also vortragen – du aber nimm dich der Rede
an, die du hörst –,
welche Wege des Untersuchens allein zu erkennen sind.

Der eine, (der da lautet) ‚es ist, und Sein ist notwendig',

ist der Weg der Überzeugung; denn sie folgt der Evidenz.

Der andere, (der da lautet) ‚es ist nicht, und Nicht-Sein
ist notwendig',
der ist, wie ich dir zeige, ein völlig unerfahrbarer Weg;

denn das Nicht-Seiende kannst du weder erkennen – denn
das läßt sich nicht verwirklichen –
noch aufzeigen.

---

1 A 302 etc., α 271 etc. εἰ δ' ἄγε / A 76, I 103.314, N 735,
μ 38, π 259, ψ 130 ἐγὼν ἐρέω / B 16 etc., β 314 etc. μῦθον
ἀκούσας
2 ε 170 εἰσι νοῆσαι
5 X 262.265 ὡς οὐκ ἔστι. Γ 45, M 327, N 787, Φ 193, ο 343.
533, φ 107, χ 319 οὐκ ἔστιν

B 3

- ˘ ˘ - τὸ γὰρ αὐτὸ νοεῖν ἐστίν τε καὶ εἶναι.

Clem. Strom. VI 23,3 (II p. 440 St.); Plot. Enn. V 1: 8,17 (p. 280 H.-Sch.); Procl. Parm. 1152,33 Cousin; Procl. in Plat. Theol. I 66 Saffrey-Westerink

Clem., Plot.: ταὐτὸν δ' ἐστὶν ἐκεῖ νοέειν τε καὶ εἶναι Procl. Parm., ταὐτόν ἐστι τὸ νοεῖν καὶ τὸ εἶναι, φησὶν ὁ Παρμενίδης Procl. Theol.

B 3

Denn dasselbe ist Erkennen und Sein.

B 4

λεῦσσε δ' ὁμῶς ἀπεόντα νόῳ παρεόντα βεβαίως·

οὐ γὰρ ἀποτμήξει τὸ ἐὸν τοῦ ἐόντος ἔχεσθαι

οὔτε σκιδνάμενον πάντῃ πάντως κατὰ κόσμον

οὔτε συνιστάμενον.

1–4 Clem. Strom. V 15 (II 335 St.)   1 Procl. Parm. 1152,37 Cousin; Theodoret. Gr. aff. cur. 22,17 Raeder   2 Damasc. Dub. I 67 Ruelle

1 Clem.: ὅμως et ὁμῶς cod. Theod.   2 Clem.: ἀποτμήσει Damasc. / Damasc.: ἔχθεσθαι Clem.

B 4

Sieh aber mit der Vernunft gleichermaßen die entfernten
Dinge, die durch sie fest gegenwärtig sind;
denn sie wird das Seiende vom Zusammenhang mit dem
Seienden nicht abtrennen,
weder wenn es sich überall auf alle Weise gemäß der Ordnung zerstreut
noch wenn es zusammentritt.

---

1 Γ 110 λεύσσει ὅπως
3 B 214, E 759, Θ 12, K 472, Λ 48, M 85, P 205, Ω 622, γ 138, ϑ 179.489, ξ 363, υ 181 κατὰ κόσμον

B 5

ξυνὸν δέ μοί ἐστιν,
ὁππόθεν ἄρξωμαι· τόθι γὰρ πάλιν ἵξομαι αὖθις.

Procl. Parm. 708,16 Cousin

B 5

> Gleich ist es für mich,

von wo ich beginne: denn dorthin komme ich wieder zurück.

---

1 Φ 80, μ 452, χ 209 δέ μοί ἐστιν
2 Z 367 ὑπότροπος ἵξομαι αὖτις. B 276, E 257, P 533, Ψ 229, ξ 356, ο 431, Hes. Th. 772 πάλιν αὖτις

B 6

χρὴ τὸ λέγειν τε νοεῖν τ' ἐὸν ἔμμεναι· ἔστι γὰρ εἶναι,

μηδὲν δ' οὐκ ἔστιν· τά σ' ἐγὼ φράζεσθαι ἄνωγα.

πρώτης γάρ σ' ἀφ' ὁδοῦ ταύτης διζήσιος ‹εἴργω›,

‹lacuna›

αὐτὰρ ἔπειτ' ἀπὸ τῆς, ἣν δὴ βροτοὶ εἰδότες οὐδὲν

πλάττονται, δίκρανοι· ἀμηχανίη γὰρ ἐν αὐτῶν   5

στήθεσιν ἰθύνει πλαγκτὸν νόον· οἱ δὲ φοροῦνται

κωφοὶ ὁμῶς τυφλοί τε, τεθηπότες, ἄκριτα φῦλα,

οἷς τὸ πέλειν τε καὶ οὐκ εἶναι ταὐτὸν νενόμισται

κοὐ ταὐτόν, πάντων δὲ παλίντροπός ἐστι κέλευθος.

1-2ᵃ Simpl. Phys. 86   1ᵇ-9 Simpl. 117   8-9ᵃ Simpl. 78

2 τά σ' ἐγὼ Bergk: τά γ' ἐγὼ et τά γε et τοῦ ἐγώ codd.
3 suppl. Diels   6 πλαγκτὸν et πλακτὸν codd.

B 6

Notwendigerweise gibt es Sagen und Erkennen von Seiendem. Denn Sein gibt es,
Nichts aber gibt es nicht: Das heiße ich dich bedenken.

Denn zuerst halte ich dich von dem Weg des Suchens fern,

⟨Lücke⟩

sodann aber von dem, auf dem die Menschen, nichts wissend,
umhertreiben, die Doppelköpfigen; Hilflosigkeit nämlich in ihrer
Brust lenkt die schwankende Vernunft; und sie treiben dahin
taub gleichermaßen und blind, verstört, unentschiedene Haufen,
denen Sein und Nicht-Sein als dasselbe gilt

und nicht dasselbe, und (für die) es in allen Dingen einen umgekehrten Weg gibt.

---

1 K 378, X 50, (o 392), ψ 109 ἔστι γὰρ –˘
2 ρ 279, ψ 122 (α 269, π 312, υ 43, h. Apoll. 528) τὰ δέ σε φράζεσθαι ἄνωγα
3 Δ 480, h. Merc. 468 πρῶτον γάρ / Λ 176, P 64, Π 229 πρῶτον. ἔπειτα
4 A 51, B 406, E 459.884, I 169, Π 411.415.696, γ 58, ι 240, ω 180 αὐτὰρ ἔπειτ' / Theognis 141 ἄνθρωποι ... εἰδότες οὐδέν, Semonides 1,4 W. οὐδὲν εἰδότες
5 ι 295 ἀμηχανίη δ' ἔχε θυμόν
7 B 868 ἀκριτόφυλλον. τ 560 ἀμήχανοι ἀκριτόμυθοι
9 K 66, κ 86 εἰσὶ κέλευθοι

B 7 + 8

οὐ γὰρ μήποτε τοῦτο δαμῇ εἶναι μὴ ἐόντα.

ἀλλὰ σὺ τῆσδ' ἀφ' ὁδοῦ διζήσιος εἶργε νόημα,

μηδέ σ' ἔθος πολύπειρον ὁδὸν κατὰ τήνδε βιάσθω,

νωμᾶν ἄσκοπον ὄμμα καὶ ἠχήεσσαν ἀκουὴν

καὶ γλῶσσαν, κρῖναι δὲ λόγῳ πολύδηριν ἔλεγχον 5

ἐξ ἐμέθεν ῥηθέντα. μόνος δ' ἔτι μῦθος ὁδοῖο 8,1 (=7,6)

λείπεται ὡς ἔστιν· ταύτῃ δ' ἔπι σήματ' ἔασι 2 (=7,7)

πολλὰ μάλ', ὡς ἀγένητον ἐὸν καὶ ἀνώλεθρόν ἐστιν,

οὖλον μουνογενές τε καὶ ἀτρεμὲς †ἠδ' ἀτέλεστον†.

1-2 Plat. Soph. 237 A, 258 D (= Simpl. Phys. 135,21); Simpl. Phys. 143,31; 244,1 1 Arist. Metaph. 1089 A 4, Alexand. Metaph. 805,20 2-7 (= 8,2) Sextus adv. math. 7,111 2 Simpl. Phys. 78,6; 650,13 3-5 Diog. L. 9,22 8,1-52 Simpl. Phys. 145,1 1-14 Simpl. Phys. 78,8 1-3 Simpl. Phys. 142,34 3-5 Simpl. Phys. 30 3-4 Clem. Strom. V 112 (II 402 St.) (= Euseb. P. E. II 214) 4 Plut. mor. 1114 C; Ps. Plut. fr. 179,64 Sandbach; Theodoret. Gr. aff. cur. 65,7; 102,12; Procl. Parm. 1152,25 Cousin; Simpl. Phys. 120, de Caelo 557; Philop. Phys. 65

1 τοῦτο δαμῇ Arist.: τοῦτο δαμῇ Simpl. E (semper) D (143,31), τοῦτ' οὐδαμῇ Plat., τοῦτο μηδαμῇ Simpl. D (135,21; 244,1) / ἐόντα Arist., Alexand.: ὄντα Plat., Simpl. 2 Plat. 258 D, Simpl., Sext.: διζήμενος Plat. 237 A 3 Sext.: σε θεὸς Diog. L. 5 Diog. L.: πολύπειρον Sext. 8,1 Simpl.: θυμὸς Sext. 4 οὖλον μουνογενές Clem. (= Euseb. cod. 0), Theodoret. 102, Simpl., Philop.: μοῦνον μουνογενές Ps. Plut., Euseb. codd. IN, Theodoret. 65, ἔστι γὰρ οὐλομελές Plut. (sine ἔστι γάρ Procl.)/ ἠδ' ἀτέλεστον Simpl. Phys. 30.78.145: ἠδ' ἀγένητον Plut., Ps.

B 7 + 8

Denn niemals kann das erzwungen werden, daß Nichtseiendes ist.
Sondern von diesem Wege des Suchens halte du den Gedanken fern,
und nicht soll dich die vielerfahrene Gewohnheit auf diesen Weg drängen,
anzuwenden das unachtsame Auge, das dröhnende Gehör

und das Sprechen, sondern argumentierend entscheide
die streitbare Beweisführung,
die von mir vorgetragen ist. Allein also noch übrig bleibt
die Beschreibung des Weges
‚es ist'. Und auf ihm gibt es sehr viele Zeichen,

sofern Seiendes ungeworden und ohne Vernichtung ist,

ganz, einzig, ohne Schwanken und in sich vollendet.

---

1 λ 441 τῷ νῦν μή ποτε
2 A 127 etc., β 288 etc. ἀλλὰ σύ
3 ρ 204 ὁδὸν κάτα
6 A 525, E 653, I 456, Φ 217 ἐξ ἐμέθεν / B 212 δ' ἔτι μοῦνος
8,2 B 523, E 479, Z 15, Θ 490, M 168, Π 261.719, Φ 454,
X 45, α 218, γ 161, η 104 ἔπι - ‿‿-‿ / δ 79, τ 411 κτήματ'
ἔασιν, ε 381, φ 372 δώματ' ἔασιν, Hes. Th. 738.809 πείρατ'
ἔασιν
3 I 148.183, Π 647, P 66, Σ 434, T 265, Υ 247, α 278.292,
β 197.223, λ 280 πολλὰ μάλ'
4 Δ 26 ἠδ' ἀτέλεστον, Δ 57, β 273 οὐδ' ἀτέλεστον

οὐδέ ποτ' ἦν οὐδ' ἔσται, ἐπεὶ νῦν ἔστιν ὁμοῦ πᾶν

ἓν συνεχές· τίνα γὰρ γένναν διζήσεαι αὐτοῦ;

πῇ πόθεν αὐξηθέν; οὔτ' ἐκ μὴ ἐόντος ἐάσσω

φάσθαι σ' οὐδὲ νοεῖν· οὐ γὰρ φατὸν οὐδὲ νοητόν

ἔστιν ὅπως οὐκ ἔστι. τί δ' ἄν μιν καὶ χρέος ὦρσεν

ὕστερον ἢ πρόσθεν τοῦ μηδενὸς ἀρξάμενον φῦν;

οὕτως ἢ πάμπαν πελέναι χρεών ἐστιν ἢ οὐχί.

οὐδέ ποτ' ἐκ μὴ ἐόντος ἐφήσει πίστιος ἰσχὺς

γίγνεσθαί τι παρ' αὐτό. τοῦ εἵνεκεν οὔτε γενέσθαι

οὔτ' ὄλλυσθαι ἀνῆκε Δίκη χαλάσασα πέδῃσιν,

ἀλλ' ἔχει. ἡ δὲ κρίσις περὶ τούτων ἐν τῷδ' ἔστιν·

ἔστιν ἢ οὐκ ἔστιν. κέκριται δ' οὖν, ὥσπερ ἀνάγκη,

τὴν μὲν ἐᾶν ἀνόητον ἀνώνυμον, οὐ γὰρ ἀληθὴς

5—6 (- οὐλοφυές) Asclep. Metaph. 42 5 (ἐπεὶ νῦν ἔστιν ὁμοῦ Procl. Parm. 665); Ammon. de Interpr. 136; Simpl. Phys. 143; Philop. Phys. 65; Asclep. Metaph. 38 et 202; Olymp. Phaed. 75 Norvin 6—10 Simpl. Phys. 162 6—9 Simpl. de Caelo 137

Plut., Clem. (=Euseb.), Theodoret., Procl., Simpl. Phys. 120, de caelo 557, Philop. 5 Simpl. (Procl.): οὐ γὰρ ἔην, οὐκ (οὐδ') ἔσται ὁμοῦ πᾶν, ἔστι δε μοῦνον (Ammon.), Philop., Asclep., Olymp. 6 ἓν συνεχές Simpl.: οὐλοφυές Asclep. 12 Simpl.: ἐκ τοῦ ἐόντος Karsten, Reinhardt, alii

Und nicht war es einmal, auch wird es nicht sein, da es zugleich ganz ist,
eines, zusammenhängend. Denn welches Herkommen könntest du für es suchen?
Wie und woher gewachsen? Weder ‚aus Nichtseiendem' werde ich dich
sagen und (erkennend) denken lassen; denn weder sagbar noch erkennbar
ist Nichtseiendes. Und welche Notwendigkeit hätte es auch veranlaßt
später oder früher aus dem Nichts beginnend zu entstehen?

So ist es notwendig, entweder ganz und gar zu sein oder nicht.
Noch auch wird die Kraft des Beweises jemals zulassen, daß aus Nichtseiendem
etwas neben ihm entsteht. Insofern hat weder zum Werden
noch zum Vergehen Dike es in seinen Fesseln lockernd losgelassen,
sondern sie hält es fest. Die Entscheidung hierüber aber liegt in der Alternative:
Es ist oder es ist nicht. Und entschieden ist nun notwendigerweise,
die eine Seite der Alternative unerkennbar und unsagbar zu lassen, denn sie ist nicht evident;

---

5 A 155, Σ 283 οὐδέ ποτ'
11 B 238.300, K 445, α 268, δ 80.632, λ 493 ἤ ... ἦε καὶ οὐκί
15 Ψ 325 (N 679) ἀλλ' ἔχει
16 Ω 667 εἴ περ ἀνάγκη
17 E 148, Λ 148.426 τοὺς μὲν ἔασ'

ἔστιν ὁδός, τὴν δ' ὥστε πέλειν καὶ ἐτήτυμον εἶναι.

πῶς δ' ἂν ἔπειτ' ⁺απελοιτο⁺ ἐόν; πῶς δ' ἄν κε γένοιτο;

εἰ γὰρ ἔγεντ', οὐκ ἔστ', οὐδ' εἴ ποτε μέλλει ἔσεσθαι.   20

τὼς γένεσις μὲν ἀπέσβεσται καὶ ἄπυστος ὄλεθρος.

οὐδὲ διαιρετόν ἐστιν, ἐπεὶ πᾶν ἐστιν ὁμοῖον·

οὐδέ τι τῇ μᾶλλον - τό κεν εἴργοι μιν συνέχεσθαι -

οὐδέ τι χειρότερον, πᾶν δ' ἔμπλεόν ἐστιν ἐόντος.

τῷ ξυνεχὲς πᾶν ἐστιν· ἐὸν γὰρ ἐόντι πελάζει.   25

αὐτὰρ ἀκίνητον μεγάλων ἐν πείρασι δεσμῶν

ἔστιν ἄναρχον ἄπαυστον, ἐπεὶ γένεσις καὶ ὄλεθρος

τῆλε μάλ' ἐπλάγχθησαν, ἀπῶσε δὲ πίστις ἀληθής.

ταὐτόν τ' ἐν ταὐτῷ τε μένον καθ' ἑαυτό τε κεῖται

---

21 Simpl. de Caelo 559   22 Simpl. Phys. 86 et 143   25 Plot. Enn. VI 4,4 (p. 182 Bréhier); Procl. Parm. 665, 708 et 1080 Cousin; Damasc. de Principiis I 131 Ruelle; Simpl. Phys. 86 et 87; Philop. Phys. 65   26–28 Simpl. Phys. 37.79   26 Procl. Parm. 1152   29–33 Simpl. Phys. 30   29–32 Procl. Parm. 1134   29–30 Procl. Parm. 1152   29 Procl. Parm. 639. 1177; Simpl. Phys. 143

19 ἔπειτα πέλοι τὸ ἐον Simpl.: ἔπειτ' ἀπόλοιτο ἐόν (πέλον) Karsten (Stein)   20 Bergk: ἐγένετ' et ἔγετ' Simpl.   28 Scaliger: τῇδε codd. / ἐπλάγχθησαν et ἐπλάχθησαν codd.   29 Simpl. 30 Ea. 146: ταὐτόν τε ὂν (καὶ) ἐν Simpl. 30 DF (E), ταὐτὸν ὂν ἐν Simpl. 143, ταὐτόν δ' ἐν ταὐτῷ μίμνει Procl. 1134.1152

die andere Seite aber als seiend und wirklich hinzunehmen.

Wie aber könnte dann Seiendes ....? Wie könnte es werden?
Wenn es nämlich wurde, ist es nicht; auch nicht, wenn es einmal sein wird.
So ist Werden ausgelöscht und unbekannt Verderben.

Auch ist es nicht unterteilt, da es in seiner Gesamtheit gleichmäßig ist:
und keineswegs ist es irgendwo mehr — was seinen Zusammenhang hindern könnte —
noch etwa weniger, sondern ganz ist es voll von Seiendem.

Demnach ist es ganz zusammenhängend; denn Seiendes stößt an Seiendes.
Und unbeweglich in den Grenzen gewaltiger Fesseln

ist es ohne Anfang, ohne Ende, da Werden und Verderben

in weiteste Ferne verschlagen sind; verstoßen hat sie der evidente Beweis.
Als dasselbe und in demselben verharrend ruht es für sich

---

19 I 437, K 243, α 65 πῶς ἂν ἔπειτ'
20 ζ 165, ι 230 μέλλεν ... ἔσεσθαι
23 A 343, β 283 etc. οὐδέ τι / σ 166, υ 368 τό κεν
26 Hes. Th. 622 μεγάλης ἐν πείρασι γαίης (vgl. Ξ 200.301, δ 563, ι 284)
28 Θ 14 τῆλε μάλ' / X 291 τῆλε δ' ἀπεπλάγχθη

χοὔτως ἔμπεδον αὖθι μένει. κρατερὴ γὰρ ἀνάγκη

πείρατος ἐν δεσμοῖσιν ἔχει, τό μιν ἀμφὶς ἐέργει,

οὕνεκεν οὐκ ἀτελεύτητον τὸ ἐὸν θέμις εἶναι.

ἔστι γὰρ οὐκ ⁺ἐπιδευές· μὴ ἐὸν⁺ δ' ἂν παντὸς ἐδεῖτο.

ταὐτὸν δ' ἐστὶ νοεῖν τε καὶ οὕνεκέν ἐστι νόημα.

οὐ γὰρ ἄνευ τοῦ ἐόντος, ἐν ᾧ πεφατισμένον ἐστίν,

εὑρήσεις τὸ νοεῖν· οὐδὲν γὰρ ἔστιν ἢ ἔσται

ἄλλο πάρεξ τοῦ ἐόντος, ἐπεὶ τό γε μοῖρ' ἐπέδησεν

οὖλον ἀκίνητόν τ' ἔμεναι· τῷ πάντ' ὄνομ' ἔσται

ὅσσα βροτοὶ κατέθεντο πεποιθότες εἶναι ἀληθῆ,

γίγνεσθαί τε καὶ ὄλλυσθαι, εἶναί τε καὶ οὐχί,

30–33 Simpl. Phys. 40   **34–36** Simpl. Phys. 87.143   **35–36** Procl. Parm. 1152   **36–38** Simpl. Phys. 86–87   **38** Plat. Theaet. 180 E, Simpl. Phys. 29.143

30 Simpl. 146 DF: οὐχ οὕτως Simpl. 146 E, οὕτως Procl., Simpl. 30.40   **33** Simpl. 30 F. 40 Ea. 146: ἐπιδεές Simpl. 30 DE. 40 DEF / μὴ del. Bergk   **36** Simpl. 86 (ἢ post γὰρ add. Bergk Preller): οὐδ' εἰ χρόνος ἐστὶν Simpl. 146   **38** ὄνομα ἔσται Simpl. 87 DF: ὀνόμασται E, ὠνόμασται 146 DEF; οἷον ἀκίνητον τελέθει τῷ παντὶ ὄνομ' εἶναι Plat., Simpl. (ὄνομα) 29.143

und verharrt so fest auf der Stelle. Denn ein mächtiger Zwang
hält es in den Fesseln der Grenze, die es rings umschließt,

weil das Seiende nicht unvollendet sein darf:

Denn es ist ohne Mangel; andernfalls wäre es nicht ganz (?).
Dasselbe aber ist Erkennen und das, woraufhin Erkenntnis ist.
Denn nicht ohne das Seiende, in welchem es ausgesprochen ist,
wirst du das Erkennen finden. Denn nichts anderes ist oder wird sein
außer dem Seienden, weil Moira es gebunden hat

ganz und unbeweglich zu sein. So wird alles Name sein,

was die Sterblichen gesetzt haben, überzeugt es sei evident:
werden und vergehen, sein und nicht sein,

---

30 N 37, ϑ 275 ἔμπεδον αὖθι μένυιεν, μ 161 ἔμπεδον αὐτόθι μίμνω (vgl. A 492, E 527)
30–31 Hes. Th. 517 ἔχει κρατερῆς ὑπ' ἀνάγκης πείρασιν ἐν γαίης (vgl. κ 273, h. Ven. 130)
31 N 706 ἀμφὶς ἐέργει
32 B 73 etc. θέμις ἐστί
34 Δ 60, Σ 365 τε καὶ οὕνεκα
35 A 262 etc. οὐ γάρ; N 556 οὐ μὲν γάρ ποτ' ἄνευ
37 δ 348, ξ 168, ρ 139 ἄλλα παρέξ / Υ 318, Φ 377, Ψ 161, η 167, ϑ 143.446, ν 159, ο 92 ἐπεὶ τό γε / Δ 517, X 5, λ 292 μοῖρα πέδησεν
38 A 365, Γ 277.285, Σ 499, X 71.271, α 43, γ 254, λ 109, μ 323, π 61, ρ 549.556.561, τ 352, χ 61 πάντ' ⌣⌣-⌣ / η 54, ω 306 (ο 256, σ 5, τ 409, υ 288, h. Ven. 198) ὄνομ' ἐστίν
39 M 135.153.256, N 717, P 329, η 34, ι 107 πεποιθότες
40 B 238.300, K 445, α 268, δ 80.632 (B 349, O 137, Υ 255) ἠὲ καὶ οὐκί; λ 493 ἔμμεναι ἠὲ καὶ οὐκί

καὶ τόπον ἀλλάσσειν διά τε χρόα φανὸν ἀμείβειν.

αὐτὰρ ἐπεὶ πεῖρας πύματον, τετελεσμένον ἐστὶ

πάντοθεν, εὐκύκλου σφαίρης ἐναλίγκιον ὄγκῳ,

μεσσόθεν ἰσοπαλὲς πάντῃ· τὸ γὰρ οὔτε τι μεῖζον

οὔτε τι βαιότερον πελέναι χρεών ἐστι τῇ ἢ τῇ.

οὔτε γὰρ †οὔτε ἐὸν† ἔστι, τό κεν παύοι μιν ἱκνεῖσθαι

εἰς ὁμόν, οὔτ' ἐὸν ἔστιν ὅπως εἴη κεν ἐόντος

τῇ μᾶλλον τῇ δ' ἧσσον, ἐπεὶ πᾶν ἐστιν ἄσυλον·

οἷ γὰρ πάντοθεν ἶσον ὁμῶς ἐν πείρασι κύρει.

ἐν τῷ σοι παύω πιστὸν λόγον ἠδὲ νόημα

ἀμφὶς ἀληθείης· δόξας δ' ἀπὸ τοῦδε βροτείας

43–45 Plat. Soph. 244 E (= Simpl. Phys. 52.89), Ps. Arist. de Melisso 976 A 8–10, Stob. I 144 W., Procl. in Plat. Theol. 155 Portus **43–44** Ps. Arist. de Melisso 978 B 8–10; Procl. Parm. 1084.1129, Tim. II 69; Simpl. Phys. 126.137 **43** Simpl. Phys. 127.143 **44** Arist. Phys. 207 A 17, Procl. Parm. 708, Asclep. Metaph. 202, Simpl. Phys. 107.133.502 **44–45** Procl. Parm. 665 **50–61** Simpl. Phys. 38–39 **50–59** Simpl. Phys. 30–31 **50–52** Simpl. de Caelo 558 **50–51** Simpl. Phys. 41

45 χρεών Plat. W (= Simpl. 52.89), Procl. Theol., Simpl. 146 DF: χρεόν Plat. BT, Stob., Procl. Parm., Simpl. 146 E; βαιότερον εἶναι μέχρι ὄν ἐστι Ps. Arist. **46** Simpl. 146 D: οὔτε ὄν EF, οὐκ ἐόν Aldina, οὔτεον Diels / Simpl. 146 DE: κινεῖσθαι F, ἱκέσθαι Stein **47** κεν Karsten: καὶ ἓν Simpl. **49** οἷ Diels: οἱ Simpl., τοιγὰρ Zeller **50** Simpl. Phys. 30.146: παύσω 38.41, de C. 558 **51** Simpl. Phys. 146, de C. 558: βροτείους 30.38

und den Ort wechseln und die helle Farbe verändern.

Da es aber zu äußerst eine Grenze gibt, ist es vollendet

allseits, gleich der Masse einer wohlgerundeten Kugel,

von der Mitte her gleichgewichtig überall. Denn es darf weder etwas größer
noch etwas schwächer sein hier oder dort.

Denn weder gibt es Nichtseiendes (?), das es hindern könnte
zusammen zu kommen, noch kann Seiendes auf irgendeine Weise
hier mehr dort weniger sein als Seiendes, weil es als ganzes unverletzlich ist.
Denn sich selbst von allen Seiten gleich, trifft es gleichmäßig auf seine Grenzen.
Hiermit beende ich dir die glaubwürdige Rede und Erkenntnis
über die Evidenz. Im folgenden lerne die menschlichen Eindrücke,

---

41 E 858, Φ 398 διὰ δὲ χρόα καλόν
42 A 464 etc. αὐτὰρ ἐπεί / A 388, Ξ 196, Σ 427, ε 90 (A 212 etc.) τετελεσμένον ἐστί
44 Hes. Th. 524 ἴσον ἀπάντη / Δ 49.323, I 422.706, O 599, Π 457.675, T 161, Ω 70, ι 393, π 470, σ 5, ω 296 τὸ γὰρ
45 (Hes.) scut. 210 τῇ καὶ τῇ; B 476 etc. ἔνθα καὶ ἔνθα
49 Hes. Th. 622 (ι 284) ἐν πείρασι - ˘

μάνθανε κόσμον ἐμῶν ἐπέων ἀπατηλὸν ἀκούων.

μορφὰς γὰρ κατέθεντο δύο γνώμας ὀνομάζειν,

τῶν μίαν οὐ χρεών ἐστιν· ἐν ᾧ πεπλανημένοι εἰσίν.

ἀντία δ' ἐκρίναντο δέμας καὶ σήματ' ἔθεντο

χωρὶς ἀπ' ἀλλήλων· τῇ μὲν φλογὸς αἰθέριον πῦρ,

ἤπιον ὄν, μέγ' ἐλαφρόν, ἑωυτῷ πάντοσε τωὐτόν,

τῷ δ' ἑτέρῳ μὴ τωὐτόν, ἀτὰρ κἀκεῖνο κατ' αὐτὸ

τἀντία νύκτ' ἀδαῆ, πυκινὸν δέμας ἐμβριθές τε.

τόν σοι ἐγὼ διάκοσμον ἐοικότα πάντα φατίζω,

ὡς οὐ μή ποτέ τίς σε βροτῶν γνώμῃ παρελάσσῃ.

53-59 Simpl. Phys. 180

53 Simpl. 39.180 F[1]: γνώμαις 30.180 DEF[2] **55** Simpl. 30 F. 39.180: ἐναντία 30 DE / Simpl. 30.39 F.180: ἐκρίνοντο 39 DE **57** Diels: ἤπιον ὄν μέγ' ἀραιὸν ἐλαφρόν Simpl. 30.39 F, ἤπιον ἀραιὸν ἐλαφρόν 39 DE. 180 **58** Simpl. 39 F. 180 F (αὐτόν 31 F): κατὰ ταὐτό 31 DE. 39 DE. 180 DE **59** 31 F. 39 F. 180 E: τἀναντία 31 DE. 39 DE. 180DF

indem du die täuschende Anordnung meiner Worte hörst.

Sie waren nämlich der Meinung, zwei Grundformen nennen zu sollen,
von denen (nur) *eine* zu nennen nicht erlaubt ist; an diesem Punkt sind sie im Irrtum.
Und sie haben sie der Gestalt nach als Gegensätze geschieden und ihre Zeichen haben sie bestimmt
getrennt voneinander: für die eine (Grundform) der Flamme ätherisches Feuer,
das milde ist, ganz leicht, sich in jeder Richtung gleich,

dem anderen aber nicht gleich; doch auch jenes (andere) für sich
auf die entgegengesetzte Seite, als dumpfe Nacht, eine dichte und schwere Gestalt.
Diese Welteinrichtung teile ich dir als eine wahrscheinliche in ihrer Gesamtheit mit,
so daß dich niemals irgendeine Meinung der Menschen überholt.

---

52 Sol. 1,2 W. κόσμον ἐπέων; Orph. VS 1 B 1 κόσμον ἀοιδῆς / Emped. VS 31 B 17,26 σὺ δ' ἄκουε λόγου στόλον οὐκ ἀπατηλόν.
55 K 466 σῆμά τ' ἔθηκε
57 Π 745 μάλ' ἐλαφρός

B 9

αὐτὰρ ἐπειδὴ πάντα φάος καὶ νὺξ ὀνόμασται

καὶ τὰ κατὰ σφετέρας δυνάμεις ἐπὶ τοῖσί τε καὶ τοῖς,

πᾶν πλέον ἐστὶν ὁμοῦ φάεος καὶ νυκτὸς ἀφάντου

ἴσων ἀμφοτέρων, ἐπεὶ οὐδετέρῳ μέτα μηδέν.

1–4 Simpl. Phys. 180

1 F¹: ὠνόμασται DEF²

B 9

Doch nachdem nun einmal alles Licht und Nacht genannt

und das ihren Kräften (und Bedeutungen) Entsprechende
diesen und jenen Dingen (als Name) beigelegt ist,
ist das Ganze voll zugleich von Licht und unsichtbarer
Nacht,
die beide gleich sind; denn jedes ist einem der beiden zugeordnet.

---

1 H 207, Ξ 187, ε 76, ζ 227, η 134, ϑ 282 αὐτὰρ ἐπεὶ δὴ πάντα
2 Ω 231, μ 444, ω 277 ἐπὶ τοῖσι
4 H 205 ἴσην ἀμφοτέροισι

B 10

εἴσῃ δ' αἰθερίαν τε φύσιν τά τ' ἐν αἰθέρι πάντα

σήματα καὶ καθαρᾶς εὐαγέος ἠελίοιο

λαμπάδος ἔργ' ἀίδηλα καὶ ὁππόθεν ἐξεγένοντο,

ἔργα τε κύκλωπος πεύσῃ περίφοιτα σελήνης

καὶ φύσιν, εἰδήσεις δὲ καὶ οὐρανὸν ἀμφὶς ἔχοντα

ἔνθεν ἔφυ τε καὶ ὥς μιν ἄγουσ' ἐπέδησεν ἀνάγκη

πείρατ' ἔχειν ἄστρων.

1–7 Clem. Alex. Strom. V 138 (II p. 419 St.)

6 Sylburg: ἔνθεν μὲν γὰρ ἔφυγε cod.

B 10

Du wirst erfahren die Natur des Äthers und alle Sternzeichen im Äther
und des reinen klaren Lichtes der Sonne

blendendes Wirken, und woher sie entstanden sind;

und hören wirst du vom umlaufenden Wirken des rundäugigen Mondes
und von seiner Natur, kennen lernen aber auch den umfassenden Himmel,
woher er entstand und wie ihn führend die Notwendigkeit fesselte,
die Grenzen der Gestirne zu halten.

---

3 E 757.872 (varia lectio); Hes. fr. 30,17; 60,2 MW.; Tyrt. 11,7 W. ἔργ' ἀίδηλα / τ 162 ὁππόθεν ἔσσι; Ξ 115, Υ 231, Hes. Th. 106 etc. ἐξεγένοντο
5 η 327 εἰδήσεις δὲ καί / α 54 καὶ οὐρανὸν ἀμφὶς ἔχουσιν

B 11

πῶς γαῖα καὶ ἥλιος ἠδὲ σελήνη
αἰθήρ τε ξυνὸς γάλα τ' οὐράνιον καὶ Ὄλυμπος
ἔσχατος ἠδ' ἄστρων θερμὸν μένος ὡρμήθησαν
γίγνεσθαι.

Simpl. de Caelo 559

3 AF: θερμῶν DE

B 11

........., wie Erde und Sonne und Mond

und der gemeinsame Äther und die himmlische Milch-
(straße)
und am äußersten Rande der Olymp und der Sterne heiße
Kraft
zum Werden drängten.

---

1 δ 45, η 84 ἠὲ σελήνης

B 12

αἱ γὰρ στεινότεραι πλῆντο πυρὸς ἀκρήτοιο,

αἱ δ' ἐπὶ ταῖς νυκτός, μετὰ δὲ φλογὸς ἵεται αἶσα.

ἐν δὲ μέσῳ τούτων δαίμων, ἣ πάντα κυβερνᾷ·

πάντα+ γὰρ στυγεροῖο τόκου καὶ μίξιος ἄρχει

πέμπουσ' ἄρσενι θῆλυ μιγῆν τό τ' ἐναντίον αὖτις   5

ἄρσεν θηλυτέρῳ.

1–3 Simpl. Phys. 39   2–6 Simpl. Phys. 31

1 Diels: πάηντο (sine acc. Eᵃ) et πύηντο codd. / Stein: ἀκρήτοις et ἀκρίτοις codd.   4 πάντα codd.: πάντῃ Mullach, πᾶσιν Stein / DE: ἀρχὴ F   5 Stein: μιγέν. τότ' codd.

B 12

Denn die engeren (Ringe) füllten sich mit ungemischtem Feuer,
die auf sie folgenden aber mit Nacht, hinein aber strömt ein Teil Feuer.
In deren Mitte aber die Göttin, die alles lenkt:

denn überall (?) führt sie zu schrecklicher Geburt und Mischung,
indem sie dem Männlichen das Weibliche schickt, daß es sich verbinde, und umgekehrt wieder

dem Weiblichen das Männliche.

---

2 A 252, B 93.446.477 etc. μετὰ δὲ
3 μ 80 μέσσῳ δ' ἐν
4 M 177, N 736 πάντῃ γὰρ

B 13

πρώτιστον μὲν Ἔρωτα θεῶν μητίσατο πάντων

Plat. Symp. 178b; Arist. Metaph. 984b 26; Plut. mor. 756 F; Sext. adv. dogm. III 9 (II p. 215 M.); Stob. I 9,6 (I p. 113 W.-H.); Simpl. Phys. 39

B 13

Als ersten von allen Göttern ersann sie Eros.

P 568 πάμπρωτα θεῶν ἠρήσατο πάντων; Θ 17, Ι 159, Χ 15, Hes. Th. 813 θεῶν ... (ἁ)πάντων.

B 14

νυκτιφαὲς περὶ γαῖαν ἀλώμενον ἀλλότριον φῶς

Plut. mor. 1116 A

Scaliger: νυκτὶ φάος codd.

B 15

αἰεὶ παπταίνουσα πρὸς αὐγὰς ἠελίοιο

Plut. mor. 282 B. 929 B

ἀεὶ codd.

B 14

nachtleuchtendes, um die Erde irrendes fremdes Licht

E 214, π 102, σ 219 ἀλλότριος φώς

B 15

immer schauend nach den Strahlen der Sonne

μ 233 πάντῃ παπταίνοντι πρός, cf. N 649, P 674, χ 24.380 /
β 181, λ 498.619, ο 349 αὐγὰς ἠελίοιο

B 16

ὡς γὰρ ἑκάστοτ' ἔχει κρᾶσιν μελέων πολυπλάγκτων,

τὼς νόος ἀνθρώποισι παρέστηκεν· τὸ γὰρ αὐτὸ

ἔστιν ὅπερ φρονέει μελέων φύσις ἀνθρώποισιν

καὶ πᾶσιν καὶ παντί· τὸ γὰρ πλέον ἐστὶ νόημα.

1–4 Aristot. Metaph. 1009b, Theophr. De sensu 3 (Doxogr. Gr. 499), Alex. Metaph. 306,29.

1 Arist. codd. EJ, Theophr.: ἑκάστῳ Arist. cod. A, ἕκαστος in margine Arist. codicis E a manu saeculi XV scriptum, Alex./ κρᾶσις Stephanus / Theophr.: πολυκάμπτων Arist., Alex. 2 Theophr.: παρίσταται Arist., Alex.

B 16

Denn wie man jeweils die Mischung in den viel schwankenden Körperteilen hat,
so wird Erkenntnis den Menschen zuteil. Denn

was die Beschaffenheit der Körperteile begreift, ist für die Menschen dasselbe,
und zwar für alle und für jeden: das Mehr nämlich ist die Erkenntnis.

B 17

δεξιτεροῖσιν μὲν κούρους, λαιοῖσι δὲ κούρας.

Galen. in epid. II 46 (CMG V 10,2,2; p. 119 Wenkebach)

Karsten: δεξιτεροῖσι et δ' αὖ cod.; δεξιτεροῖσι κόρους, λαιοῖσιν δ' αὖ ‹κτίσε› κούρας Wenk.

B 18

femina virque simul veneris cum germina miscent,

venis informans diverso ex sanguine virtus

temperiem servans bene condita corpora fingit.

nam si virtutes permixto semine pugnent

nec faciant unam permixto in corpore, dirae

nascentem gemino vexabunt semine sexum.

Caelius Aurelianus, morb. chron. IV 9 (p. 902 Drabkin)

B 17

Auf der rechten Seite die Jungen, auf der linken die Mädchen.

B 18

Wenn Frau und Mann die Keime der Liebe mischen,

bildet die formende Kraft in den Adern aus dem verschiedenen Blut,
sofern sie die rechte Mischung bewahrt, wohlgebaute Körper.
Denn wenn die Kräfte in dem vermischten Samen streiten

und keine Einheit bilden in dem gemischten Körper,

werden sie schrecklich das keimende Geschlecht schädigen
durch den doppelten Samen.

B 19

οὕτω τοι κατὰ δόξαν ἔφυ τάδε καί νυν ἔασι

καὶ μετέπειτ' ἀπὸ τοῦδε τελευτήσουσι τραφέντα·

τοῖς δ' ὄνομ' ἄνθρωποι κατέθεντ' ἐπίσημον ἑκάστῳ.

Simpl. de Caelo 558

B 19

So also sind – nach dem Eindruck (den die Menschen haben) – diese Dinge geworden und sind jetzt
und werden von nun an in Zukunft wachsen und vergehen.

Die Menschen aber haben ihnen einen Namen gegeben,
einen bezeichnenden für jedes Ding.

---

1 ο 272, ψ 202, Hes. Th. 448 οὕτω τοι

EINFÜHRUNG

I

Vorbemerkung. Parmenides hat mit seinem Lehrgedicht, das von Späteren unter dem Titel ‚Über die Natur' zitiert wird, in der Nachwelt eine Wirkung erzielt, wie sie keinem anderen der frühen griechischen Philosophen zuteil geworden ist. Dabei spricht der erste Anschein keineswegs dafür, daß Parmenides im Kreise derer, die sich seinerzeit über Fragen der Natur und des Menschen geäußert haben, durch besondere Fortschrittlichkeit habe auffallen können. Bücher zu diesen Themen sind vor und nach ihm geschrieben worden. Als angemessene Form praktischer und theoretischer Information war unter seinen Zeitgenossen die Prosa anerkannt; angesichts der Tatsache, daß vor ihm Anaximander und Anaximenes sich in ihren Büchern eben dieser Prosa bedient hatten, mußte der Rückgriff auf die sprachliche Form des epischen Hexameters eher rückschrittlich wirken. Und wenn Parmenides sein Gedicht mit dem Anspruch eröffnet, im Namen einer Göttin zu sprechen, die ihm die Wahrheit offenbart habe, so war das zwar guter epischer Brauch, doch der Bericht von seiner Himmelsreise, den er im Proömium gibt, kann schwerlich einen seiner aufgeklärten Zeitgenossen von dem Wert der folgenden Ausführungen überzeugt haben; denn nüchterne Gedanken wie die, daß menschliche Erkenntnis nur langsam fortschreitet, daß die Vorstellungen, die Menschen von ihrer Welt entwickeln, immer auch durch die eigenen Erfahrungen bestimmt und also durchaus relativ sind, waren damals längst nicht mehr fremd.

Es sind denn auch nicht seine Beschreibung und Erklärung einzelner Phänomene, die auf spätere Generationen die unvergleichliche Wirkung gehabt hätten. Zwar spricht alles dafür, daß Parmenides die Welt, in der Menschen leben, mit Hilfe der damals fortschrittlichsten Theorien in einer bis dahin nicht erreichten Vollständigkeit besprochen hat – die spärlichen Fragmente handeln von den Gestirnen ebenso wie von der embryonalen Entwicklung des Menschen –, aber hier ergeht es ihm nicht besser als jedem Verfasser eines naturwissenschaftlichen Werkes: in der folgenden Generation gilt er als überholt, und für die Söhne sind die Bücher, aus denen die Väter gelernt haben, allenfalls noch von historischem Interesse.

Die dauernde Wirkung, die sich in den Augen der Nachwelt mit dem Namen Parmenides verbindet, geht vielmehr aus von einem relativ kurzen Abschnitt, der auf das Proömium folgt. Hier hat er in kaum mehr als 85 Versen seinen Grundbegriff entwickelt. Und auch damit folgt er zunächst nur einer Tradition. Die Frage nach dem ‚Prinzip' ist alt; und ursprünglich hatte sie zweifellos rein temporalen Sinn. Was war am Anfang? Woher ist alles gekommen? Aber schon zweihundert Jahre vor Parmenides, als Hesiod diese Frage stellte, verbindet sich mit dem temporalen ein auch gewissermaßen logischer Sinn: Das Ältere ist früher auch der Sache nach, denn es ist das Allgemeinere und Umfassende, aus dem das Einfachere ‚logisch' abzuleiten ist. Nachdem Hesiod ‚das was zuerst da war' Chaos genannt hatte, hatten Thales in diesem Sinne vom Wasser, Anaximander vom Unbegrenzten, Anaximenes von der Luft gesprochen.

Auch Parmenides fragt nach dem Prinzip. Doch jetzt hat diese Frage wirklich jeden temporalen Beiklang verloren, und übriggeblieben ist allein ihre logische Intention. Das Wort, das Parmenides im ersten Hauptteil seines Buches als Grundbegriff entwickelt, ist das Sein. In diesem Wort glaubt er nicht nur den ontologischen Grundbegriff gefunden zu haben, sondern mit ihm bildet er auch seine Grundalternative ‚es ist oder es ist nicht', die nichts anderes ist als der Satz vom ausgeschlossenen Dritten. Und damit entdeckt er zugleich die Sphäre logischer Evidenz.

Seitdem Parmenides das unscheinbare Wörtchen ‚Sein' zum zentralen philosophischen Begriff erhoben hatte, ist die Frage in der europäischen Philosophie lebendig geblieben. Wer heute etwa Themen wie ‚Sein und Zeit' (Heidegger, 1927), ‚Sein und Denken' (J. König, 1937), ‚L'être et le néant' (J. P. Sartre, 1943), ‚Recht und Sein' (W. Maihofer, 1954) erörtert, wer ein Buch ‚Über die Funktion der Copula' (A. Grote, 1935) schreibt, wer Termini wie Ontologie und Existenz verwendet, steht damit in einer Tradition, die ihren Ausgang von den Versen des Parmenides genommen hat.

Das einmal gestellte Thema ist auch seinerzeit von den theoretisch Interessierten sogleich aufgegriffen. Gorgias etwa und Protagoras sind Männer, die im 5. Jh. v. Chr. die Diskussion mit Parmenides beginnen; im 4. Jh. bei Platon und Aristoteles hat die Sache dann längst ihr eigenes Gewicht gewonnen. Und sofern jetzt die ontologische und logische Problematik in wachsender Breite und Differenzierung ausgearbeitet wird, kann es nicht ausbleiben, daß derjenige, der einst den Anstoß gegeben hatte, von seinen Nachfolgern mehr und mehr überholt wird. Zwar bringen die Männer des 4. Jahrhunderts ihm durchaus noch Respekt entgegen. Aber verständlicherweise geht es ihnen in erster Linie um die Sache, die Parmenides zur Debatte gestellt hatte, nicht aber um die mehr historische Aufgabe, die Verse des Vorgängers richtig zu verstehen. Was sie übernehmen, ist das Thema und die mit ihm gegebene Frage; was Parmenides selbst dagegen zum Problem beigesteuert hatte, mußte gemessen an einer entwickelteren Begriffssprache in zunehmendem Maße fremd wirken. So bekennt resignierend schon Platon: „Wollten wir uns jetzt der

Erörterung seiner Lehre zuwenden, so verstehen wir, fürchte ich, nicht einmal seine Worte, und was er sich bei ihnen eigentlich gedacht hat, das bleibt uns erst recht verborgen" (Theaet. 184 A).

Daß Parmenides heute nicht nur als bloßer Name fortlebt, daß wir von seinen Gedanken und damit von den Anfängen der Ontologie und Logik tatsächlich noch eine Vorstellung gewinnen können, verdanken wir im Grunde einem einzigen Mann: rund achthundert Jahre nach Aristoteles, tausend Jahre nach Parmenides schreibt um 500 n. Chr. Simplikios in einem seiner Kommentare, die er zu Schriften des Aristoteles verfaßt, einen längeren Abschnitt aus dem Gedicht des Parmenides wörtlich ab, weil, wie er ausdrücklich sagt, das Buch inzwischen selten geworden war. Durch diesen glücklichen Umstand ist uns der wichtigste Passus aus dem ontologischen Teil des Lehrgedichts erhalten; da kleinere Zitate bei Simplikios und anderen Autoren hinzukommen, können wir auch heute noch immerhin 153 Verse im originalen Wortlaut lesen. Freilich, ob wir bei dem Versuch, sie zu verstehen, letzten Endes über die Resignation eines Platon hinauskommen, der doch das ganze Werk noch lesen konnte, ist eine andere Frage.

II

Zur Person des Parmenides. Was wir über ihn und sein Leben wissen, ist schnell aufgezählt. Parmenides stammt aus Elea (Velia); die Stadt an der Westküste Unteritaliens war kurz nach 540 v. Chr. von Griechen, die ihre kleinasiatische Heimat unter dem Druck der Perser verlassen hatten, neugegründet worden und hat sich als wohlhabender Handelsort bis in die Römerzeit behauptet. Der Vater hieß Pyres, die Familie war reich und angesehen. Das Geburtsdatum wird von den einen auf etwa 540, von anderen auf etwa 515 bestimmt.

In seiner Vaterstadt ist Parmenides, wie es heißt, gesetzgeberisch tätig gewesen; noch in späteren Zeiten wurden ihre geordneten Verhältnisse auf ihn zurückgeführt. Andererseits heißt es auch, er habe sich durch einen ‚armen aber rechtschaffenen' Mann namens Ameinias, Sohn des Diochaitas, zum Rückzug aus der Politik bestimmen lassen. Sind beide Nachrichten echte Informationen, die kombiniert werden dürfen – die eine stammt immerhin von Speusipp (gestorben 339 v. Chr.), die andere von Sotion (Anfang 2. Jh. v. Chr.) –, so hat er zunächst im politischen Leben eine Rolle gespielt, wie es für einen Mann seines Herkommens nahelag, hat aber dann seinen Lebensstil geändert und sich der vita contemplativa zugewandt. Ameinias, der ihn dazu bewogen hat, war Pythagoreer; auch Parmenides selbst und sein Schüler Zenon werden gelegentlich Pythagoreer genannt; und später konnte von ‚parmenideischer Lebensführung' im Sinne von ‚Leben nach Art der Pythagoreer' gesprochen werden. Dem Freund Ameinias hat er nach dessen Tod ein Heroon gestiftet; wozu er, wie bemerkt wird, bei seinem Vermögen die Mittel hatte. Auf Grund der Zeugnisse und angesichts der Tatsache, daß der pythagoreische Bund damals in Unteritalien verbreitet und zeitweise auch politisch von Bedeutung war, ist eine Beeinflussung durch das Pythagoreertum durchaus glaublich. Und so ließe sich aus den hier zusammengestellten Angaben immerhin das Gerüst eines Lebenslaufes erstellen.

Wie ohne weiteres angenommen werden darf, war man in den Kreisen, aus denen Parmenides stammt, mit der Literatur und den geistigen Bewegungen der Gegenwart vertraut. Selbstverständlich kannte Parmenides die homerischen Epen und die Lehrdichtung Hesiods; ebenso die Werke seiner unmittelbaren Vorgänger, Anaximander und Anaximenes. Daß er sich darüber hinaus orientiert hatte über die empirischen Kenntnisse, die seine Zeit auf den verschiedenen Gebieten, etwa auch dem der Medizin, erworben hatte, war Voraussetzung für sein Vorhaben, ein Werk über die Natur zu schreiben; und die Fragmente legen Zeugnis davon ab. Aber auch auf einem anderen Feld gab es damals wenn nicht Fortschritte so doch neue Ansichten. Daß ein Auf und Ab das einzig Sichere im Leben ist, womit Menschen rechnen können, hatten die lyrischen Dichter mehr als einmal ausgesprochen, und so war auch die Unsicherheit und Bedingtheit menschlichen Lebens längst zur Sprache gebracht. Sobald die Frage nach dem relativen Sinn, den der einzelne seinem Leben geben kann, gestellt wurde, war sie auch schon in verschiedener Weise beantwortet. Wer daher um 500 v. Chr. die naturwissenschaftlichen Beobachtungen einerseits, die Entdeckung des Individuums andererseits zur Kenntnis genommen hatte, dem konnte die Problematik nicht fremd bleiben, die sich in dem Verhältnis zwischen der Natur als dem Allgemeinen und dem Menschen als dem Individuellen abzuzeichnen begann. Hier entstanden für die Menschen dieser Zeit Fragen und Unsicherheiten, denen u. a. die Weisheit des frühen Pythagoreertums zu begegnen versuchte. Wir hören von den persönlichen Beziehungen des Parmenides zu diesen Kreisen. Nach gelegentlichen Anklängen zu urteilen, könnte er auch Dichtungen der sog. Orphik gekannt haben (Anklänge bezeichnenderweise nur im Proömium; s. die Parallelen zu B 1, 3 und 14; ferner Orph. fr. 78 und 316 K.; unten S. 134 u. 135 f.). Daß ihm andererseits auch die realistischen und skeptischen Tendenzen seiner Tage nicht unbekannt geblieben sind, müßten wir selbst dann annehmen, wenn wir nicht wüßten, daß sein älterer Zeitgenosse Xenophanes bis in die siebziger Jahre des 5. Jahrhunderts vornehmlich in Sizilien und Unteritalien gelebt hat. „Das Genaue sah kein Mensch und wird auch keiner wissen über die Götter und alles was ich sage: Denn wenn es ihm auch glücklich einmal gelingt, das Wirkliche auszusprechen, so weiß er selbst das doch nicht: Vielmehr liegt über allem nur Vermutung"; so lauten vier Verse dieses erstaunlichen Mannes. Xenophanes, aus Kolophon an der kleinasiatischen Westküste stammend und mit vielen anderen vor den Persern in den Westen der Ökumene emigriert, soll u. a. auch die Gründung der Stadt Elea in einem epischen Gedicht erzählt haben; Platon rechnet ihn zur eleatischen Gruppe der Philosophen, die in ihren Überlegungen von der Einheit alles Seienden ausgehen. – Konkrete Beziehungen und Abhängigkeiten sind bei der Spärlichkeit des Erhaltenen im einzelnen schwer nachzuweisen. Aber im Grunde liegt daran auch nicht allzuviel. Wichtiger für das Bild, das wir uns von Parmenides zu machen haben, ist etwas anderes, und das ist deutlich: Wer um die Wende vom 6. zum 5. Jahrhundert in einer Stadt wie Elea lebte, hatte leichten Zugang zu allem, was es an geistigen Neuigkeiten damals gab, und an Anregungen fehlte es ihm nicht.

Als in der frühen Kaiserzeit die Ärzte von Velia einigen Vorstehern ihres Kollegiums, die sich in der Vergangenheit besonders verdient gemacht hatten, Denkmäler errichteten, haben sie auch Parmenides in diese Ehrung einbezogen. Einige dieser Hermen und so auch die des Parmenides sind vor einigen Jahren aufgefunden (H. Jucker, Museum Helveticum 25, 1968, 181–185; G. M. A. Richter, The Portraits of the Greeks, Supplement, London 1972, p. 5 und fig. 455a–b). Wie die beigegebenen Inschriften zeigen, wollten die Ärzte in dem alten Naturphilosophen, von dessen medizinischen Interessen sie wußten, den Ahnherrn ihrer städtischen Zunft sehen; ob daneben eine uns bis dahin unbekannte, aber verständliche Titulatur der Inschriften von der Absicht spricht, pythagoreische Traditionen zu pflegen, ist nicht sicher. Sollte darüber hinaus ein bei diesen Ausgrabungen ebenfalls gefundener Porträtkopf tatsächlich zur Parmenides-Herme gehören, dann hätten wir hier das bisher einzige Parmenides-Porträt und könnten so immerhin einen Eindruck davon gewinnen, wie man sich rund 500 Jahre nach seinem Tod in Elea den großen Sohn der Stadt hat vorstellen wollen.

III

Zu Form und Inhalt des Lehrgedichtes. Parmenides hat nur dieses eine Werk verfaßt. Von Späteren wird es unter dem auch für die Werke anderer Naturphilosophen üblichen Titel ‚Über die Natur' (περὶ φύσεως) zitiert. Daß die Verfasser selbst ihren Werken Titel geben, war in dieser frühen Zeit noch nicht üblich.

Den ursprünglichen Umfang des Werkes kennen wir nicht. Erhalten im griechischen Wortlaut sind 18 Fragmente mit zusammen 153 Versen (wobei auch halbe Verse mitgerechnet sind); ferner 6 Verse in lateinischer Übersetzung; hinzu kommen zahlreiche Referate späterer Autoren. Mehrere der erhaltenen Fragmente bestehen nur aus einem einzigen Vers, die beiden längsten aus 32 und 61 Versen; da das längere unmittelbar an ein anderes Fragment anzuschließen ist, gewinnen wir hier einmal einen größeren Zusammenhang von immerhin 66 Versen.

Das Werk begann, wie üblich, mit einem Proömium. Aus dem Schluß dieses Proömiums (B 1, 28–32), das uns vollständig erhalten ist, geht hervor, daß die eigentlichen Ausführungen sich in zwei Teile gliederten: ein erster Hauptteil handelte von der ‚Wahrheit', ein zweiter von den ‚Eindrücken der Menschen'. Diese Gliederung wird bestätigt durch jene glücklicherweise erhaltenen Verse, die das Ende des ersten und den Beginn des zweiten Hauptteils markieren (B 8, 50–52). Damit ist uns der Aufbau des Gedichts – Proömium, erster und zweiter Hauptteil – deutlich, und mit zwei gleich zu nennenden Ausnahmen können denn auch alle erhaltenen Verse den drei Teilen sicher zugeordnet werden: Proömium B 1; erster Hauptteil über die Wahrheit B 2–B 8, 49; zweiter Hauptteil über die menschlichen Eindrücke B 8, 53–B 19. Zweifelhaft bleibt, ob B 4 und B 5 nicht doch in den zweiten Hauptteil gehören. – Ich habe die Anordnung, wie sie nun einmal durch Diels-Kranz üblich geworden ist, beibehalten.

Vollständig erhalten ist, wie schon gesagt, das Proömium mit 32 Versen. Vom ersten Hauptteil besitzen wir 72 oder – wenn B 4 und B 5 ihm zuzuordnen sind – 78 Verse. Zwischen den einzelnen Fragmenten scheint hier nicht allzuviel zu fehlen; wenn Diels angenommen hat, daß uns etwa neun Zehntel des ursprünglichen Umfangs erhalten sind, wird er recht haben. Ganz unsicher ist demgegenüber der Umfang des zweiten Hauptteils; die aus ihm erhaltenen 40 Verse sind nach Diels „nach einer weniger sicheren Abschätzung vielleicht ein Zehntel". Ich glaube, daß das eher noch zu günstig geurteilt ist. Jedenfalls aber übertraf der Meinungs-Teil den Wahrheits-Teil an Umfang um ein Vielfaches. Von ihm sind zwar auf die folgenden Naturphilosophen wie Empedokles, Anaxagoras und Demokrit außerordentlich starke Anregungen ausgegangen; doch eben deshalb war er auch bald veraltet. Womit sich erklärt, daß von ihm nur spärliche Reste erhalten sind. Für Platon und die Folgezeit ist Parmenides nicht der Physiker, sondern der Dichter des ersten Hauptteils von der Wahrheit, also der Ontologe.

Das Gedicht hat die Form einer Erlebnisschilderung. Berichtet wird von einer Reise und davon, was Parmenides dabei erlebt und gehört hat. Die Reise ging himmelwärts in überirdische Gefilde. Am Ziele angekommen, wird Parmenides von einer Göttin begrüßt (B 1, 22) und hört von ihr eine lange Rede. Diese Rede wird im folgenden wörtlich mitgeteilt; sie beginnt mit Vers 24 des Proömiums und endet mit dem letzten Vers des Werkes. Mit anderen Worten: Das ganze Gedicht – mit Ausnahme der ersten 23 Verse – gibt sich als wörtliche Wiedergabe einer Offenbarungsrede; die Reiseschilderung am Anfang liefert den erforderlichen Rahmen.

Ein solches Verfahren war nicht ohne Vorbild. Alt ist die epische Konvention, zu Beginn die Musen anzurufen, und alt ist die Fiktion, daß eben diese Musen es sind, die durch den Mund des Sängers zum Publikum sprechen. Hesiod in seiner Theogonie hatte beides beim Wort genommen und miteinander verbunden. Er nennt am Schluß seiner Einleitung genau die Dinge, von denen er etwas hören möchte, schließt das Proömium mit den Worten „Das also erzählt mir, Musen, von Anfang an, und sagt, was davon zuerst da war" (114f.) und läßt anschließend den Hauptteil mit dem Vers beginnen „Als erstes gab es Chaos". Diese Worte sind offensichtlich die genaue Entsprechung der vorhergehenden Aufforderung, und so könnte eine moderne Theogonie-Ausgabe von Vers 116 an den ganzen Text in Anführungsstriche setzen. Auch bei Hesiod also eine Rahmenerzählung, genau wie bei Parmenides. Doch Hesiod hat die am Anfang gewählte Form nicht durchgeführt; die Ausführungen sind statt dessen ganz objektiv, ohne jedes ‚wir' als Hinweis auf die vortragenden Musen und ohne jede Anrede an den fiktiven Hörer Hesiod. Anders bei Parmenides. Nachdem die Göttin in B 1, 24 das Wort ergriffen hat, bezieht sie ihren Zuhörer Parmenides durch direkte Anrede (Formen wie ‚du' und ‚dich': 2, 1; 6, 2f.; 7, 2f.; 8, 8.50.60.61; ferner die Verben: 2, 7 γνοίης, φράσαις; 8, 6 διζήσεαι; 8, 36 εὑρήσεις; 10 εἴσῃ, πεύσῃ, εἰδήσεις) und Aufforderung (2, 1 κόμισαι; 4, 1 λεῦσσε; 7, 5 κρῖναι; 8, 52 μάνθανε) immer wieder in die Unterweisung ein und betont zugleich, daß sie es ist, die hier spricht und eben damit auch für die Wahrheit des Vorgetragenen bürgt (2, 1 ἐγὼν ἐρέω; 2, 6 φράζω; 5 μοι, ἄρξωμαι, ἵξομαι; 6, 2 ἐγὼ ἄνωγα; 6, 3 εἴργω; 7, 6 ἐμέθεν; 8, 7 ἐάσσω; 8, 50 παύω; 8, 52 ἐμῶν; 8, 60 ἐγὼ φατίζω).

Parmenides erhebt damit den Anspruch, seine Ausführungen seien wahr. Das ist nichts Außergewöhnliches, andere vor und nach ihm haben dasselbe getan; und oft ist damit die Behauptung verbunden, daß das, was andere zum Thema beigesteuert hätten, falsch sei. So beginnt der älteste Vertreter jonischer Wissenschaft auf dem Gebiet der Geschichte und Geographie, ein Zeitgenosse des Parmenides, sein Werk mit den Sätzen: „Hekataios aus Milet erzählt so. Folgendes schreibe ich, wie es mir wahr zu sein scheint. Denn die Reden der Griechen sind meines

Erachtens zahlreich und lächerlich." Neben dem Abweis bisheriger Meinungen steht der eigene Anspruch, der auf nichts als das eigene Urteil gestützt wird. Etwa um dieselbe Zeit erscheint in Griechenland auch das erste medizinische Buch, und hier wird gleich zu Beginn die erkenntnistheoretische Skepsis deutlich ausgesprochen: „Alkmaion aus Kroton hat Folgendes gesagt, des Peirithoos Sohn, zu Brotinos und Leon und Bathyllos: Über das Unsichtbare (und) über das Sterbliche haben Klarheit die Götter, als Mensch aber kann man nur Anzeichen deuten." Mit dieser kritischen Einstellung steht Alkmaion offenbar in nächster Nähe von Xenophanes, der, wie wir sahen (oben S. 60), das erkenntnistheoretische Problem noch etwas schärfer faßte: „Selbst wer einmal die Wahrheit trifft, weiß nicht, daß er sie getroffen hat." Aber von solchen Unterschieden einmal abgesehen: Deutlich ist, daß die Überlegungen, ob Menschen überhaupt zum Wissen gelangen und die Wahrheit erkennen können, und wenn, in welchem Umfang und auf welchem Wege, daß solche Überlegungen zur Zeit des Parmenides grundsätzlich zu einer nüchtern skeptischen Position gelangt waren.

Gemessen an dem hier erreichten Niveau wirkt die Einleitung, die Parmenides seinem Werk gibt, nun erst recht erstaunlich. Denn zwar hat er dadurch, daß er seine Ausführungen unter dem Signum der Offenbarung nicht in eigenem Namen veröffentlicht, implizit zum Ausdruck gebracht, daß menschliches Erkenntnisvermögen unzulänglich ist – und auch explizit scheint er sich mehrfach in diesem Sinne zu äußern –; insofern also ließe sich durchaus sagen, daß er sich von seinen Zeitgenossen Alkmaion und Xenophanes nicht wesentlich unterscheidet. Aber andererseits läßt sich doch auch nicht verkennen, daß er durch die Fiktion von Himmelsreise und Offenbarung für seine eigenen Ausführungen eben doch den Anspruch erhebt, sie seien schlechthin richtig. Besteht also hier bei Parmenides nicht ein innerer Widerspruch? Oder läßt sich beides in seinem Sinne vereinigen? Wir stehen damit vor der immer wieder diskutierten Frage, in welchem Verhältnis der erste Hauptteil, der von Sein und Wahrheit handelt, zum zweiten Hauptteil steht, der naturwissenschaftlichen bzw. -philosophischen Inhalts ist und nach den Worten der Göttin jedenfalls Wahrheit nicht beanspruchen soll. Doch auch die andere Frage verlangt noch eine Antwort: Wie ist der erkenntnistheoretische Unterschied zwischen Parmenides und den genannten zeitgenössischen Autoren zu erklären? Hier Offenbarungsanspruch – dort skeptische Nüchternheit. Bleibt Parmenides nicht wirklich hinter der Entwicklung, die die kritische Reflektion genommen hatte, zurück? – Eine Antwort auf beide Fragen kann nur schrittweise entwickelt werden.

Zunächst steht außer Frage, daß Parmenides, als er sein Proömium verfaßt, von zwei verschiedenen Seiten beeinflußt wird: einerseits von den modernen kritischen Erwägungen über die Möglichkeiten menschlicher Erkenntnis, andererseits von dem Brauch der epischen Dichter – und Parmenides hatte die epische Form gewählt, nicht Prosa, und unterliegt insofern auch den epischen Konventionen –, zu Beginn die Musen anzurufen und entweder sie selbst sprechen zu lassen oder aber in ihrem Namen das Wort zu ergreifen. Es kann darüber hinaus sein, daß auch seine Beziehungen zum Pythagoreertum hier nicht ohne Einfluß geblieben sind; doch bleibt das Vermutung, die nicht einmal sehr wahrscheinlich ist. Denn gerade auch der ‚skeptische' Arzt Alkmaion und mindestens zwei seiner drei Freunde oder Schüler, denen er sein Buch gewidmet hat, gelten später als Pythagoreer. Greifbar also ist allein die Beeinflussung von den genannten zwei Seiten. Davon ist auszugehen.

Das Proömium endet damit, daß die Göttin ankündigt, Parmenides werde alles erfahren, die Wahrheit sowohl als auch die menschlichen Eindrücke, die ohne evidenten Beweis sind (B 1, 28–30). Und als die Göttin ihre Ausführungen zur Wahrheit beendet hat, geht sie zum zweiten Hauptteil mit den Worten über: „Von hier an aber lerne die menschlichen Eindrücke, indem du die trügerische Anordnung meiner Worte hörst" (B 8, 51 f.).

Nicht die Differenzierung zwischen Wahrheit und menschlichen Meinungen ist hier auffällig; die fand sich – und zwar ebenfalls im Munde nicht des Dichters sondern der Musen – schon bei Hesiod: „Wir wissen viel Trug zu sagen, der der Wahrheit ähnlich, wir wissen, wenn wir's wollen, auch Wahres zu verkünden" (Theogonie 27 f.); und ähnliche Selbstempfehlungen finden sich dann immer wieder; vgl. etwa die zitierten Eingangsworte des Hekataios. Auffällig ist vielmehr die Tatsache, daß die Göttin des Parmenides beides vorträgt, Wahrheit und Eindrücke, die – das ist jedenfalls deutlich – in Opposition zur Wahrheit gedacht sind. Das hatten die Musen des Hesiod, die ebenfalls beides wußten, aus verständlichen Gründen nicht getan: Denn sicher gibt es Wahrheit und Irrtum, aber das Interesse von Dichter und Publikum richtet sich normalerweise allein auf die Wahrheit. Auch später hat daher kein Autor aus der Zeit vor Parmenides sein Werk mit der Bemerkung empfohlen, er werde jetzt die (göttliche) Wahrheit und die (menschlichen) Meinungen vortragen. Denn wohl war, wie wir gesehen haben, um 500 v. Chr. die erkenntniskritische Reflektion so weit entwickelt, daß man die eigenen Anschauungen, und mochten sie sich von den üblichen Meinungen noch so sehr unterscheiden, nicht mehr ohne weiteres als die Wahrheit ausgab. Und ein Vergleich der etwa gleichzeitigen Formulierungen erweckt den Eindruck, es sei dabei eher eine Frage des persönlichen Stils gewesen, ob man das Wort ‚Wahrheit' zwar verwendet, aber sich vorsichtig relativierend ausdrückt wie Hekataios („wie es mir wahr zu sein scheint"), oder ob man mit Alkmaion und Xenophanes auf das Wort lieber ganz verzichtet. Aber welche Form der Einleitung man auch vorzieht: Die Doppelform ‚Sowohl Wahrheit als auch Meinung' hatte bisher niemand gewählt. Was also ist vor diesem Hintergrund von der doppelten Ankündigung bei Parmenides zu halten? Wie steht es zunächst mit dem zweiten Hauptteil?

In ihm gibt Parmenides eine umfassende Erklärung der Welt, wobei er nicht nur die einzelnen Phänomene und gegebenenfalls ihre Entstehung beschreibt und deutet, sondern darüber hinaus einen einzigen, alles durchwaltenden Zusammenhang herstellt dadurch, daß er sämtliche Erscheinungen letzten Endes auf zwei Grundformen zurückführt, (B 8,53; B 9,1).

Diese Grundformen sind so konzipiert, daß sie in einem komplementären Verhältnis zu einander stehen: Die eine ist ohne die andere nicht denkbar. Parmenides nennt sie Feuer oder Licht und Nacht (B 8,56; B 9,1); und er wählt diese Bezeichnungen offenbar aus keinem anderen Grund, als weil er in ihnen ein antithetisches Begriffspaar von letzter Allgemeinheit gefunden zu haben meint (B 8,55-59). Dabei ist er, wie seine Formulierungen zeigen, durchaus darüber im klaren, daß das Reden von zwei Grundformen und die weitere Behauptung, daß aus diesen Grundformen alles weitere abzuleiten sei, lediglich – modern gesprochen – Hypothesen sind: „Die Menschen waren der Meinung, zwei Grundformen nennen zu sollen" (8,53). Die Annahme zweier Grundformen und die Art und Weise ihrer Bezeichnung ist Setzung der Menschen, freilich keine willkürliche, sondern vorgenommen in dem Sinne, in dem auch alle anderen Dinge in der Welt Namen und Bezeichnung erhalten haben: Die Menschen haben von der Welt und der Fülle ihrer Phänomene bestimmte Eindrücke (B 1,30 βροτῶν δόξας; B 8,51 δόξας βροτείας; B 19,1 κατὰ δόξαν), und diese Eindrücke werden von ihnen sprachlich fixiert; oder anders gesagt: auf Grund der Eindrücke erhält jedes einzelne Ding seine Bezeichnung (B 8,38; B 19,3). Sprache ist insofern für Parmenides Spiegel und Summe menschlicher Erfahrung.

Diese menschliche Erfahrung ist nun zwar ohne evidenten Beweis, aber sie erlaubt doch, eine wahrscheinliche Darstellung zu geben. Das Bild, das die Menschen auf

Grund ihrer Eindrücke von der Welt haben, läßt sich systematisch darstellen als eine „wahrscheinliche, passende Welteinrichtung" (B 8,60), die für alle Zeiten in Geltung war und bleiben wird (B 19). Die Möglichkeit aber, die vielen verschiedenen Dinge und Geschehnisse innerhalb der empirischen Welt übersichtlich zu beschreiben und verständlich zu machen, sieht Parmenides eben darin, daß sich alles auf die angenommenen Grundformen zurückführen läßt. Offensichtlich muß er – ähnlich den Pythagoreern (s. unten S. 183) – der Meinung gewesen sein, die Welt sei letzten Endes dichotomisch aufgebaut: hell – dunkel, rechts – links, männlich – weiblich, usw. Um diesen Gedanken durchzuführen, erhalten die beiden Grundformen zur Verdeutlichung Prädikate, die auch ihrerseits antithetisch verstanden werden sollen: ätherisch, mild und leicht gegen dumpf, fest und schwer (B 8,56-59). Und so gelangt man über derartige vermittelnde Begriffe zu immer spezielleren Gegensätzen, die aus dem Urgegensatz von Licht und Nacht gleichsam abgeleitet sind: Ihrer Bedeutung, ihrer Kraft oder auch ihrer Möglichkeit nach enthalten die beiden Grundformen in sich die gesamte Vielfalt der empirischen Welt; es gibt nichts in der Welt, das nicht einer der beiden Grundformen untergeordnet wäre (B 9).

Der Grundgedanke dieses kosmologischen Systems, wie er hier verdeutlicht ist, läßt sich aus den erhaltenen Bruchstücken wohl mit einiger Sicherheit gewinnen. Ob aber Parmenides tatsächlich für jeden einzelnen der von ihm behandelten Gegenstände eine solche Ableitung gegeben hat, läßt sich den spärlichen Resten nicht mehr entnehmen. War das die Welterklärung leitende Prinzip einmal eingeführt, mochte es wohl auch genügen, wenn es der fortschreitenden Beschreibung stillschweigend zugrundelag und daher vom Leser immer wieder der Art der Darstellung entnommen werden konnte (Auch Hesiod – zweihundert Jahre vor Parmenides – rechnet in der ‚Theogonie' damit, daß sein Publikum gerade auch Unausgesprochenes bemerkt und versteht: Die Nachkommenschaft von Chaos und Nacht und die der Erde verbinden und mischen sich nicht; die beiden Stammbäume gehen das ganze Werk hindurch unverbunden nebeneinander her. Offenbar denkt Hesiod an zwei Urgestalten, die in polarer Gegensätzlichkeit die gesamte Welt konstituieren. Doch dieser Leitgedanke wird von ihm nirgends ausgesprochen und ist erst vor einigen Jahrzehnten wieder entdeckt worden).

Erhalten sind vom gesamten zweiten Hauptteil lediglich 46 Verse, die sich auf 12 Fragmente verteilen. Von ihnen handeln die Verse B 8,53-61 und B 9 (zusammen 13 Verse) von den Grundlagen des Systems; B 10, 11, 12, 14 und 15 (zusammen 18 Verse) von Astronomie und Kosmologie in engerem Sinne; B 13 (1 Vers) spricht von Göttern; B 16 (4 Verse) gibt eine Theorie der Erkenntnis; B 17 und B 18 (zusammen 7 Verse, davon 6 in lateinischer Übersetzung) handeln von der geschlechtlichen Differenzierung der Menschen und von Fragen der Vererbung; B 19 schließlich bildet den Abschluß des zweiten Hauptteils. Zu diesen wörtlichen Fragmenten hinzu kommen Berichte Späterer (die in diese Ausgabe nicht aufgenommen sind und nur gelegentlich zur Erläuterung der wörtlichen Fragmente herangezogen werden). So soll Parmenides als erster Abend- und Morgenstern mit einander identifiziert haben. Wie es auch heißt, er zuerst habe von der Kugelgestalt der Erde gesprochen; andererseits ist die Erde ‚im Wasser verwurzelt' oder ‚mit Wasserwurzeln versehen'. Parmenides scheint von verschieden temperierten Zonen der Erde gesprochen zu haben. Und neben seinem Entwurf einer Erkenntnistheorie suchte er auch solche Zustände wie Tod, Leben, Vergessen, Schlaf und Erinnerung zu erklären.

Die wörtlichen Reste also sind spärlich genug. Im Grunde übersehen wir dank einem zufälligen Interesse unserer Gewährsleute lediglich die Ausführungen zur Astronomie etwas besser; doch ist auch dieses Bild insofern noch wieder einzuschränken, als 10 der einschlägigen 18 Verse (nämlich B 10 und B 11) aus den einleitenden Partien stammen, also nur ankündigen, was im folgenden alles ausgeführt werden soll. Immerhin gewinnen wir den Eindruck, daß Parmenides von jeder Erscheinung nicht nur den gegenwärtigen Zustand, sondern auch ihre Entstehung beschreiben wollte. Dafür sprechen aus der Ankündigung die Formulierungen B 10,3 (ὁππόθεν ἐξεγένοντο) und B 10, 6 (ἔνθεν ἔφυ), und dafür spricht auch das wenige, das uns aus der Ausführung erhalten ist. So beschreiben und erklären B 14 und B 15 ein konkretes Phänomen: Der Mond wandert um die Erde und erhält sein Licht von der Sonne. B 12 dagegen gibt unter der Voraussetzung der zwei Grundformen Nacht und Licht eine eigenwillige Theorie, mit deren Hilfe die Kreisbahnen und die verschiedenen Helligkeitsgrade der Gestirne erklärt werden sollen; so führt der von Parmenides unternommene Versuch, die konkreten Phänomene nicht nur zu beschreiben und zu erläutern, sondern alles auf zwei letzte Grundformen zurückzuführen, zu einer rigorosen Verbindung empirischer und spekulativer Elemente.

Diese umfassende Darstellung rechnet durchaus mit konkurrierenden Versuchen und will sie überbieten. Parmenides läßt die Göttin eine solche Absicht deutlich aussprechen: „Diese Welteinrichtung teile ich dir als eine wahrscheinliche in ihrer Gesamtheit mit, so daß dich niemals irgendeine Meinung der Menschen überholt." So lauten die Worte, mit denen sie ihre Einleitung zum zweiten Hauptteil abschließt (B 8,60f.). Und damit ist nun wahrlich kein geringer Anspruch erhoben. Denn nehmen wir, was hier gesagt ist, beim Wort, so wird nicht weniger behauptet als: Niemals wird es eine Deutung der Natur geben, die wahrscheinlicher ist als die, die hier vorgetragen wird. Und so weit hatte nun allerdings mit seiner Selbstempfehlung bisher noch niemand gehen wollen. Denn mochte auch Hesiod noch schlicht von Wahrheit gesprochen haben, so wurden die Späteren, wie wir gesehen haben, merklich zurückhaltender; und ein ‚Für alle Zeiten' hatte keiner beansprucht. Ist also Parmenides von allen erkenntniskritischen Überlegungen seiner Zeit unbeeinflußt geblieben?

Doch der Anschein trügt. Eher ist das Gegenteil der Fall. Zunächst muß auffallen, daß die Göttin bzw. Parmenides trotz des großen Anspruchs nicht von ‚wahr' sondern von ‚wahrscheinlich' spricht. Zum anderen darf die anspruchsvolle Formulierung nicht isoliert gesehen werden. In ihrem Hintergrund steht die grundsätzliche Behauptung, daß alles, was im zweiten Hauptteil vorgetragen wird, nur Meinung der Menschen sei. Einmal abgesehen von der logischen Schwierigkeit, die in dieser Formulierung enthalten zu sein scheint und die noch erörtert werden soll: Die Meinungen der Menschen werden von der Göttin an beiden Stellen, an denen sie sich zu dieser Frage äußert, in direkte Opposition zur Wahrheit gestellt (B 1,29f.; B 8,51f.); daß es sich also nach ihrer bzw. des Parmenides Überzeugung im zweiten Hauptteil nicht um Wahrheit handelt, daran kann überhaupt kein Zweifel sein. Ist das aber sicher, so hat das Folgen auch für den beispiellosen Anspruch, der in B 8,60f. erhoben wird. Dann kann die Göttin dort offenbar nur sagen wollen, daß auf einem Gebiet, auf dem es nur Meinungen und kein festes Wissen, keine Wahrheit gibt, die von ihr vorgetragene Deutung ein solches Maß von Wahrscheinlichkeit erreicht, wie es unter den gegebenen Bedingungen nur möglich ist. Es mag daneben andere Deutungen geben, die ebenfalls wahrscheinlich sind, es mag allenfalls Deutungen geben, die ebenso wahrscheinlich sind: daß sie wahrscheinlicher sind und das hier Vorgetragene übertreffen, ist nicht möglich. Denn –: Doch bevor hier die Gründe erörtert werden können, sind erst noch einige andere Fragen zu klären.

Was im zweiten Hauptteil vorgetragen wird, ist eine umfassende Weltdeutung, eine Erklärung, wie am Himmel und auf Erden alles angeordnet und eingerichtet ist, ein διάκοσμος, eine ‚Welteinrichtung'. Diese Erklärung ist ἐοικώς ‚wahrscheinlich'; Erklärungen aber, mögen sie auch wahrscheinlich sein, bleiben doch immer δόξαι ‚Meinungen'; und die Göttin nennt die ‚Anordnung ihrer Worte', d.h. ihre Darlegung, sogar ἀπατηλός ‚trügerisch, täuschend'. Natürlich meint sie damit nicht, sie wolle ihren Zuhörer irreführen. Dieses ‚trügerisch' gründet nicht in der subjektiven Absicht – oder gar Unfähigkeit – der sprechenden Göttin, sondern in den objektiven Bedingungen. ‚Trügerisch' ist die genaue Entsprechung zu ‚wahrscheinlich'; denn wo es grundsätzlich nur Wahrscheinlichkeit gibt, dort gibt es immer auch die Möglichkeit des Irrtums. ‚Ich habe mich getäuscht', sagen auch wir, ohne damit behaupten zu wollen, das sei auch unsere Absicht gewesen. Auf dem Feld, auf dem wir uns hier bewegen, kommen wir über Wahrscheinlichkeiten und δόξαι nicht hinaus: Eben das will der dichtende Philosoph Parmenides durch den Mund der Göttin zum Ausdruck bringen.

Ich habe dabei δόξαι bisher meistens mit ‚Meinungen' übersetzt, wie es in der Tat üblich ist. Doch führt diese Übersetzung sogleich zu einer logischen Schwierigkeit. Was die Göttin im zweiten Hauptteil berichtet, sind einerseits (nämlich nach dem Wortlaut von B 1,30 und 8,51) ‚Meinungen der Menschen', und diese Meinungen stehen in Opposition zur Wahrheit, doch andererseits (nämlich nach dem Wortlaut von B 8,60f.) ist das, was die Göttin berichtet, eine ‚Welteinrichtung', und diese Welteinrichtung ist so, wie die Göttin sie vorträgt, wahrscheinlich und wird niemals von irgendeiner Ansicht der Menschen übertroffen werden. Wie stimmt beides zusammen? Sieht es zuerst nicht so aus, als wolle die Göttin lediglich ein Referat über menschliche Meinungen geben? Und einige Verse später hat sie ihre Ankündigung schon vergessen und versichert ihrem Hörer, daß niemals irgendeine Ansicht eben dieser Menschen gegen die Welterklärung aufkäme, die sie hier vorträgt? Hören wir nun im zweiten Hauptteil die Meinungen der Menschen oder die Welterklärung der Göttin?

Der Widerspruch, wie er in der Übersetzung zu Tage tritt, hat seinen Grund in der komplexen Bedeutung des Wortes δόξα. Es ist das eine Eigenheit, die auch an anderen griechischen Wörtern ‚abstrakten‘ Inhalts beobachtet wird: Oft und gerade in der frühen Zeit benutzt der Grieche für einen ganzen Komplex von Bedeutungen ein einziges Wort, wo wir dann je nach dem Zusammenhang verschiedene Begriffe einsetzen müssen. Dabei hat es für uns gelegentlich den Anschein, als meine das griechische Wort nichts Punktuelles und Statisches, sondern eher eine Art Relation, wo wir dann von unserer anderen Auffassung aus notwendigerweise den einen oder den anderen Bezugspunkt ins Auge fassen müssen: So besteht etwa zwischen dem Geber einer Gabe und dem Empfänger eine bestimmte Beziehung, die allerdings je nach dem, ob sie vom Standpunkt des Gebers oder Empfängers aus gesehen wird, ein anderes Aussehen gewinnt; für uns sind daher die ‚Gunst‘, die der eine erweist, und der ‚Dank‘, mit dem der andere reagiert, wesentlich verschiedene Begriffe, während die griechische Sprache für beides nur das eine Wort χάρις besitzt. Von den bei Parmenides zentralen Wörtern kann für die Bedeutungskomplexität als Beispiel etwa ἀλήθεια gelten, worauf wir später noch einzugehen haben; und ähnlich liegen die Dinge bei δόξα. Wir heute empfinden in unserem Wort ‚Meinung‘ primär den subjektiven Urteilscharakter: ‚Das ist meine Meinung‘; δόξα aber meint ursprünglich den Eindruck, der von der Sache ausgeht. Auch wir kennen im übrigen Redewendungen, in denen der subjektive Faktor weitgehend verdeckt wird: „Es scheint Regen zu geben" = „Die Anzeichen sprechen für Regen" = „Auf Grund der Anzeichen urteile ich: es wird regnen". ὥς μοι δοκεῖ ἀληθέα εἶναι ‚wie es mir evident zu sein scheint‘ oder ‚wie es meiner Meinung nach evident ist‘ sagt Hekataios. Die Meinung, die man hat, gilt weniger als Urteil denn als Eindruck, der von den Dingen ausgeht.

Womit die aufgeworfene Frage beantwortet ist. Die δόξαι βροτῶν, die die Göttin referieren will, sind ‚Meinungen der Menschen', sofern sie Eindrücke der Dinge sind und diese nach Art eines Spiegels reflektieren. Die δόξαι sind das Bild von der Welt, wie es notwendigerweise entstehen muß. Und von diesem Bild gibt die Göttin eine Beschreibung und Erläuterung, die – wie sie meint – jedenfalls nicht übertroffen werden kann. Der Widerspruch, von dem wir ausgingen, ist daher nur scheinbar; er entsteht erst durch die deutsche Übersetzung ‚Meinung der Menschen' (um diese Schwierigkeit zu vermeiden, bietet sich als Übersetzungsversuch an: Eindrücke der Menschen). Der Sache nach sind die von der Göttin referierten δόξαι βροτῶν, die ‚Eindrücke, die die Menschen von der Welt haben', identisch mit dem ebenfalls von der Göttin vorgetragenen διάκοσμος ἐοικώς, der ‚wahrscheinlichen Welteinrichtung'.

Wenn die δόξαι der Reflex sind, den die Dinge in den Menschen erzeugen, so ist für dieses Bild, das von einer Sache entsteht, eigentümlich, daß es zunächst einmal einfach da ist, ohne daß es noch erklärt oder begründet wäre. „Ich habe den Eindruck, daß es bald regnet" meint „wahrscheinlich wird es regnen, aber sicher ist es nicht". Diese grundsätzliche Schwäche der Meinung und des Eindrucks, die auch uns geläufig ist, hat nun nach Parmenides ihren Grund nicht etwa in der Subjektivität der Menschen, in ihrer Unzulänglichkeit – oder jedenfalls nicht primär dort. Wäre es so, dann bestünde ja die Aussicht, daß im Laufe der Zeit bei stetig fortschreitender Erkenntnis die Wahrheit schließlich doch erreicht wird. Aber das Verdikt, das Parmenides über den zweiten Hauptteil, über die ‚wahrscheinliche Welteinrichtung', fällt, ist radikaler, schließt die Möglichkeit der Wahrheit grundsätzlich aus und zielt auf die Bedingungen für die Möglichkeit der Naturerkenntnis überhaupt. Gegeben sind uns Eindrücke; diese Eindrücke können und müssen beschrieben und gedeutet werden; und sicher wird oft eine alte Erklärung durch eine neue ersetzt, doch auch die neue ist nur wieder wahrscheinlich.

Der erkenntnistheoretische Standort des Parmenides, das dürfte nun klar sein, ist genau dort, wo auch seine Zeitgenossen Xenophanes, Hekataios und Alkmaion stehen. Der Mensch hat nicht die Wahrheit, sondern nur, was ihm wahr zu sein scheint (Hekataios); er hat kein Kriterium, an dem er seine Meinungen verifizieren kann, sondern nur immer seine Eindrücke (Xenophanes); er kann – anders als die Götter – immer nur Anzeichen deuten, Schlüsse aus Erscheinungen ziehen, vermuten (Alkmaion); einen evidenten Beweis gibt es hier nicht (Parmenides).

Alle vier genannten Autoren stellen also ihre Darlegungen unter einen gnoseologischen Vorbehalt. Dieser Vorbehalt – und das kennzeichnet die wissenschaftstheoretische Situation – wird nun nicht etwa mythologisch begründet dergestalt, daß der geläufige Kontrast ‚göttliche Allwissenheit – menschliche Blindheit', der im Mythos so oft dargestellt wird, einfach übernommen würde. Sicher haben mythische Darstellungen dieser Art für die Entwicklung erkenntnistheoretischer Überlegungen eine Rolle gespielt, wie auch die Äußerungen frühgriechischer Lyriker über die menschliche Ohnmacht, die der Allmacht der Götter so kläglich kontrastiert, sicher nicht ohne Einfluß geblieben sind. Aber um 500 v. Chr. ist offensichtlich ein Stand der erkenntniskritischen Reflektion erreicht, auf dem man sich nicht mehr damit begnügt, die menschliche Erkenntnisschwäche aus dem Kontrast zur göttlichen Allwissenheit zu folgern, oder sie durch den Hinweis auf einzelne Meinungen, die sich bei genauerer Prüfung als falsch erwiesen haben, zu belegen – obwohl die Erfahrung offenkundiger Fehler, also die Erfahrung des Fortschritts sicherlich zur Ausbildung einer grundsätzlichen Kritik beigetragen hat –; sondern jetzt ist man bemüht, für die Unzulänglichkeit menschlichen Wissens die inneren Gründe zu finden; man versucht, die Art und Weise menschlichen Erkennens zu beschreiben, indem man die Bedingungen, unter denen Erkenntnis sich vollzieht, zu erfassen sucht. Und genau hier ist nun der Beitrag des Parmenides von kaum abzuschätzender Bedeutung.

Alkmaion unterscheidet zwischen Klarheit und Vermutung: περὶ τῶν ἀφανέων, περὶ τῶν θνητῶν σαφήνειαν μὲν θεοὶ ἔχοντι, ὡς δὲ ἀνθρώποις τεκμαίρεσθαι; „Über das Unsichtbare und über das Sterbliche haben Klarheit die Götter, als Mensch aber kann man nur Anzeichen deuten." Eine ähnliche Differenzierung legt Parmenides zugrunde, wenn er unterscheidet zwischen der „wohlüberzeugenden Evidenz" und den „menschlichen Meinungen (bzw. Eindrücken), die ohne evidenten Beweis sind": ἠμὲν ἀληθείης εὐπειθέος ἀτρεμὲς ἦτορ, / ἠδὲ βροτῶν δόξας, ταῖς οὐκ ἔνι πίστις ἀληθής. Beide Autoren sind offenbar nicht nur in der Überzeugung einig, daß menschliche Erkenntnis grundsätzlich unvollkommen ist, sondern beide geben für die charakteristische Schwäche menschlicher Erkenntnis auch eine ähnliche Erklärung. Nach Alkmaion kann der Mensch nicht klar und unmittelbar erkennen, sondern nur ‚Anzeichen deuten'. Das Wort τεκμαίρεσθαι bezeichnet eine Methode, die dem Arzt, der aus Symptomen Schlüsse zieht und so zu seiner Diagnose kommt, besonders geläufig sein mußte; sie wird ebenfalls vom Historiker gehandhabt, der „mit Hilfe des Sichtbaren das Unbekannte erschließt" (Herodot II 33,2 τοῖσι ἐμφανέσι τὰ μὴ γινωσκόμενα τεκμαιρόμενος), und spielt eine eigene Rolle vor Gericht, wenn es mangels Augenzeugen und mangels eines Geständnisses darum geht, aus Indizien einen Beweis zu liefern. Gegeben sind Phänomene, die auf das ihnen Zugrundeliegende hin gedeutet werden müssen; gegeben sind Beobachtungen und Erfahrungen, die ich kombinieren und aus denen ich Folgerungen ziehen kann. So sieht Alkmaion den Weg, auf dem allein Menschen zu halbwegs begründeten Ansichten kommen können. Daß hier immer ein Unsicherheitsfaktor im Spiel bleibt, lehrt dabei nicht nur die Erfahrung; vielmehr setzt die so charakterisierte Methode geradezu voraus, daß das, was hier erschlossen wird, grundsätzlich nicht unmittelbar zugänglich ist: Ich sehe nicht die Krankheit, sondern ‚ihre' Symptome; und aus dem ‚Krankheitsbild' schließe ich auf die bestimmte Krankheit. Ich sehe nicht unmittelbar die Identität von Abend- und Morgenstern, sondern auf Grund bestimmter Beobachtungen schließe ich, daß es sich in der Erscheinung hier und in der Erscheinung dort um ein und denselben Stern handelt. Mit der Methode, Anzeichen zu deuten, sind daher von Haus aus nie unmittelbare Einsichten (nicht die Sache selbst), sondern nur Wahrscheinlichkeiten zu erreichen.

Wer nur Anzeichen deuten kann, dem fehlt der evidente Beweis. Wenn daher Parmenides formuliert „die Eindrücke bzw. Meinungen der Menschen sind ohne evidenten Beweis", so entspricht das sachlich genau dem methodischen Grundsatz des Alkmaion. Doch deutet sich darüberhinaus bei aller sachlichen Nähe zu Alkmaion in dieser Formulierung etwas an, was die erkenntnistheoretische Situation, wie sie durch Hekataios und namentlich durch Xenophanes und Alkmaion vertreten ist, von Grund aus verändern sollte. Denn zwar waren gerade auch für Parmenides die menschlichen Eindrücke grundsätzlich ohne festen, evidenten Beweis, aber es *gab* Evidenz, und sie war nicht wie die ‚Klarheit', von der Alkmaion sprach, den Göttern vorbehalten, sondern sie lag im Bereich des Menschen.

Mögen menschliche Meinungen auch grundsätzlich unsicher sein und über Wahrscheinlichkeiten nicht hinauskommen, so ist es andererseits doch ihre natürliche Intention, zu erfassen, wie es sich mit dem jeweils ins Auge gefaßten Gegenstand verhält. Deshalb macht man Beobachtungen, und diese Beobachtungen können mehr für diese oder mehr für jene Meinung sprechen. Dementsprechend kommt es dann zu Aussagen wie: ‚Etwas verhält sich so oder aber so'; ‚es verhält sich so oder aber anders'. Womit sich als Alternative, die in jeder Erkenntnisbemühung impliziert ist, der Satz abzeichnet: ‚Etwas ist so oder es ist nicht so'. Die Richtigkeit dieses einfachen Satzes und seine grundsätzliche Gültigkeit sind unmittelbar einsichtig, sind evident. Etwas ist rot oder es ist nicht rot: Neben den so zur Wahl gestellten zwei Möglichkeiten kann es aus einsichtigem Grunde eine weitere Möglichkeit nicht geben. Also: Etwas ist A oder es ist nicht A; tertium non datur.

Damit war in der Tat der Satz vom ausgeschlossenen Dritten entdeckt (ausführlicher hierzu unten S. 85 ff.). Er nimmt bei Parmenides, der natürlich noch keine Variablen kennt, die Form an: ἔστιν ἢ οὐκ ἔστιν (B 8,16), oder: „es gibt nur zwei Wege, von denen der eine ὡς ἔστιν und der andere ὡς οὐκ ἔστιν lautet" (B 2). Die Entdeckung dieses Satzes bedeutet zugleich die Entdeckung eines Gebietes, auf dem es unmittelbare Klarheit gibt, die dort, wo mit Hilfe von Beobachtung und Erfahrung die Welt erklärt werden soll, grundsätzlich nicht zu erreichen ist. Hier aber, auf dem Gebiet der Logik, ist sie möglich.

Die Entdeckung, daß es eine Sphäre der Evidenz gibt, ist für ihren Entdecker überwältigend gewesen. Im ersten Hauptteil seines Werkes hat er daher die Grundalternative ἔστιν ἢ οὐκ ἔστιν und den in ihr enthaltenen Grundbegriff εἶναι mit einer Intensität ohnegleichen auseinanderzusetzen versucht. Wenn er dabei fast religiöse Töne anschlägt, so wird das historisch durchaus verständlich, sobald wir seine Entdeckung auf dem Hintergrund der erkenntniskritischen Diskussion jener Tage sehen. Die Menschen haben Eindrücke und deuten Anzeichen, die Wahrheit dagegen ist Sache der Götter: Diese skeptische Einstellung war verbreitet, und sie war, wie wir gesehen haben, methodisch gut begründet; auch Parmenides hing ihr an. Und jetzt zeigte sich mit einem Male, daß Wahrheit auch dem Menschen unmittelbar zugänglich war. Nun allerdings nicht so, daß dadurch die Skepsis aufgehoben wurde. Sie blieb voll und ganz in ihrem Recht, dort nämlich, wo sie auch bisher ihren Platz gehabt hatte: auf dem Gebiet der Erfahrung und der deutenden Theorie. Daneben aber war ein gänzlich neues Gebiet entdeckt, wenn auch zunächst nur in Gestalt eines einzigen Satzes. Dieser eine Satz vom ausgeschlossenen Dritten war jedenfalls evident, und so genügte er, um zu zeigen, daß es Evidenz für den Menschen gibt.

Die Entdeckung der logischen Evidenz sollte nun allerdings nicht ohne bedenkliche Konsequenz bleiben, und ihre Darstellung verband sich bei Parmenides mit einer Aequivokation.

Zunächst war Evidenz dadurch, daß sie als logische Evidenz entdeckt war, in einer Weise definiert, die kaum ohne Rückwirkung auf die Geltung der Erfahrungswissenschaften, also z. B. auch der Kosmologie, bleiben konnte. Ein Vergleich mit Alkmaion macht das unschwer deutlich. Wenn nach ihm Menschen nur Anzeichen deuten können, während Klarheit den Göttern vorbehalten bleibt, so ist dabei selbstverständliche Voraussetzung, daß göttliche und menschliche Erkenntnis ein und denselben Gegenstand haben. Die Menschen, die die Welt umfassend erkennen wollen, gehen aus von Phänomenen und stellen ihre Vermutungen an. Wie es wirklich ist, wissen allein die Götter, nur sie haben Klarheit. Das bedeutet: Die Schwäche menschlicher Erkenntnis gründet hier, bei Alkmaion, in der menschlichen Natur. Anders bei Parmenides. Die Entdeckung der logischen Evidenz bestimmte zugleich den Ort der Evidenz überhaupt; und daß der einmal gefundene Ort auch der einzige ist, an dem es Evidenz gibt, diese Meinung lag zu nahe, als daß sie sich hätte vermeiden lassen. Daher heißt es bei Parmenides nicht mehr: Über die Welt haben Wahrheit allein die Götter, Menschen aber nur Vermutungen. Vielmehr heißt es jetzt: Über die Welt gibt es grundsätzlich nur Vermutungen; und auch die Göttin kann lediglich eine ‚wahrscheinliche Welteinrichtung' vortragen. Wahrheit dagegen hat ihren Ort in einem ganz anderen Gebiet, im Gebiet des reinen Denkens (wenn die moderne Redeweise erlaubt ist); und dieses Gebiet ist dem Menschen zugänglich. Die Schwäche menschlicher Erkenntnis dort, wo die Umwelt erkannt werden soll, gründet daher nicht in der menschlichen Natur, sondern in der Natur des Gegenstandes. Auf dem Gebiet von Beobachtung und Erfahrung gibt es keine Gewißheit, denn hier fehlt der evidente Beweis.

Das bedeutet: Die Entdeckung der logischen Evidenz schränkt den möglichen Geltungsbereich von Evidenz sosogleich ein auf das neu entdeckte Gebiet der Logik. Das aber muß fast mit Notwendigkeit zu einer Abwertung der physikalischen und naturphilosophischen Überlegungen führen, und das um so eher, als gerade hier die erkenntniskritische Reflektion schon von sich aus zu einer methodisch begründeten Skepsis gelangt war.

Diese bedenkliche Konsequenz, die sich bei Parmenides erst andeutet, bald aber in Sophistik und Platonismus sich auswirken sollte, gründet sozusagen in der Sache. Die Entdeckung war zu überwältigend, als daß man sich in der Entdeckerfreude der scheinbar so naheliegenden Folgerung hätte entziehen können. Daneben aber gibt es eine andere Verwicklung, der Parmenides erlegen ist, und die gründet in der Sprache.

Es handelt sich dabei um das schillernde Wort ‚Evidenz‘, das in verschiedenem Sinne verwendet werden kann (s. auch unten S. 90ff.). Evident ist nach Parmenides gegebenenfalls ein Beweis (B 1,30; B 8,28), nämlich dann, wenn niemand sich der zwingenden Kraft, die von ihm ausgeht, entziehen kann. Evidenz gehört daher auch zu den Ausführungen des ersten Hauptteils (B 1,29; B 8,51). Doch stehen wir gerade hier sogleich vor einer Unklarheit. Meint Parmenides, Evidenz sei Charakter, oder meint er, Evidenz sei Thema des ersten Hauptteils? Spricht also die Göttin hier Evidentes, oder spricht sie über Evidenz bzw. über etwas, das seinerseits evident ist?

Dem Wortlaut nach scheint eher das Zweite der Fall zu sein. Denn die Göttin behauptet nicht: Was ich hier sage, ist evident, sondern sie nennt ihre Ausführungen „unerschütterliches Herz der wohlüberzeugenden Evidenz" und „glaubwürdiges Reden und Erkennen über Evidenz". Wenn diese beiden Formulierungen, mit denen der erste

Hauptteil angekündigt und beendet wird, präzise verstanden werden dürfen, dann hat Parmenides nicht seine Ausführungen, sondern den Gegenstand seiner Ausführungen als evident bezeichen wollen, oder richtiger noch: dann ist Evidenz nicht Charakter, sondern Thema seiner Ausführungen (die Göttin spricht „über Evidenz"). Da aber Thema des ersten Hauptteils die Grundalternative ἔστιν ἢ οὐκ ἔστιν und das Wort εἶναι sind, würde das bedeuten, daß einerseits Evidenz und andererseits Grundalternative und Grundbegriff sich gegenseitig definieren: Was Evidenz ist, bestimmt sich durch die Grundalternative und durch εἶναι, und andererseits werden die Grundalternative und εἶναι als evident bezeichnet.

Wer dieser Interpretation nicht folgen will, kann auf den metaphorischen Ausdruck ‚Herz der Evidenz' verweisen, der es verbiete, die Formulierungen allzu sehr beim Wort zu nehmen; Parmenides wolle einfach sagen, der erste Hauptteil sei evident, ohne dabei zu unterscheiden, ob seine eigenen Ausführungen oder aber der ihnen zugrunde liegende Satz vom ausgeschlossenen Dritten evident sei.

Die Frage ist, wenn ich recht sehe, nicht eindeutig zu beantworten. Ich glaube zwar, daß die Formulierungen beim Wort genommen werden dürfen, und nehme daher an, Evidenz sei hier von Parmenides als Charakter des behandelten Themas, also der Grundalternative und des Grundbegriffs, gemeint, nicht aber als Charakter seiner eigenen Ausführungen. Doch soll das innerhalb der weiteren Überlegungen allenfalls als zusätzliches Argument benutzt werden.

Sehen wir also von den beiden kontroversen Formulierungen B 1,29 und B 8,51 ab, so bezeichnet Parmenides die Grundalternative selbst nirgends direkt als evident. Doch ist das so erstaunlich nicht, wie es zunächst aussieht. Denn tatsächlich besitzt die griechische Sprache zur Zeit des Parmenides weder ein Wort für Satz noch eines für Alternative; Parmenides war also gar nicht in der Lage, von seiner logischen Entdeckung als von einem Satz oder einer Alternative zu sprechen, und demzufolge konnte er auch nicht sagen: ‚dieser Satz' ist evident. Was er dagegen tun konnte, ist folgendes.

Er ist in der Lage, den logischen Grundsatz zu formulieren, und zwar entweder in der einfachen Form ἔστιν ἢ οὐκ ἔστιν (B 8,16) oder aber mit Hilfe des Bildes vom Scheideweg so, daß er sagt: Es gibt nur zwei Wege, von denen der eine ὡς ἔστιν und der andere ὡς οὐκ ἔστιν lautet (B 2). Parmenides kann ferner versuchen, seine Grundalternative und ihre Implikationen zu entwickeln – er tut das im ersten Hauptteil –, und er kann dabei einleitend und abschließend zum Ausdruck bringen, daß es bei diesen Ausführungen jedenfalls irgendwie um Evidenz geht (B 1,29; B 8,50f.). In diesem Zusammenhang kann er dann auch zeigen, worin der Fehler der „nichts wissenden, doppelköpfigen, tauben, blinden und verstörten Menschen" besteht: sie verstehen nicht den Ausschließlichkeitscharakter der Alternative und verstoßen insofern gegen den Satz vom ausgeschlossenen Dritten (B 6,8f.). Und schließlich bezeichnet Parmenides zwar nicht die Grundalternative als ganze, wohl aber ihre eine Seite, ihren einen ‚Weg', als evident.

Damit ist zunächst wohl hinreichend deutlich, daß Parmenides zwar nirgends sagt, der Satz vom ausgeschlossenen Dritten bzw. seine Grundalternative sei evident – um das sagen zu können, fehlten ihm, wie bemerkt, die Mittel –, daß er aber genau das doch meint. Darüber hinaus aber verdient nun der zuletzt aufgeführte Sprachgebrauch – Evidenz als Charakter nicht der Alternative als ganzer, sondern ihres einen Weges – unsere besondere Aufmerksamkeit. Denn was hier vorliegt, ist in der Tat höchst merkwürdig. Die beiden einschlägigen Sätze lauten: „Der Weg ὡς ἔστιν ist der Weg der Überzeugung, denn sie folgt der Evidenz" (B 2,4), und „Der Weg ὡς οὐκ ἔστιν ist unerkennbar und namenlos, denn er ist nicht evident" (B 8,17). Bringt man in diesen Formulierungen die Metapher vom Scheideweg in Abzug und dadurch die Alternative auf ihre einfache Grundform ἔστιν ἢ οὐκ ἔστιν (B 8,16), so ergibt sich ein Satz wie: ‚Das μὴ ἐόν ist unerkennbar und namenlos, denn es ist nicht evident'; und: ‚Zum ἐόν gehört (oder: das ἐόν bewirkt) Überzeugung, denn sie folgt der Evidenz'. Womit sich zeigt: Evidenz gilt hier als Charakter des ἐόν. Ist aber Evidenz ein Charakter des ἐόν, soll daher die Gleichung ἐόν = ἀληθές gelten, so muß εἶναι im Sinne von gegenwärtigsein verstanden werden: Das Gegenwärtige ist evident.

Damit ist der Punkt erreicht, an dem die Möglichkeit, das Wort ‚Evidenz' in verschiedenem Sinne zu verwenden, zusammen mit der komplexen Bedeutung von εἶναι Parmenides einen Streich gespielt hat. Der Satz vom ausgeschlossenen Dritten ist evident im Sinne von einleuchtend, logisch zwingend. Das Gegenwärtige dagegen ist evident im Sinne von deutlich, sichtbar, zugänglich, unverborgen. Parmenides jedoch hat hier offensichtlich nicht zu differenzieren vermocht und ist daher der suggestiven Macht des einen Wortes erlegen. Hier liegt der Grund, weshalb bei Parmenides Logik und Ontologie in kaum entwirrbarer Weise verschmolzen sind, so daß noch alle Interpreten Schwierigkeiten hatten, das eine vom anderen zu sondern und so beides, den logischen und den ontologischen Aspekt seiner Gedanken, zur Geltung zu bringen.

Angesichts der skeptischen Haltung, die zu seiner Zeit auf physikalischem und naturphilosophischem Gebiet entwickelt war, entdeckte Parmenides in seiner Grundalternative einen Ort, wo Evidenz für den Menschen möglich ist. Mit der Entdeckung des Satzes vom ausgeschlossenen Dritten erschließt er grundsätzlich das Gebiet der Logik. Weil aber der Evidenzbegriff selbst nicht hinreichend geklärt ist, verbindet sich die logische Evidenz der Alternative ‚Etwas ist gegenwärtig oder es ist nicht gegenwärtig; tertium non datur' mit der Evidenz ihrer einen Seite: Evident ist das Gegenwärtige. Auf diese Weise gewinnt Parmenides im selben Augenblick, da er mit seiner Grundalternative ἔστιν ἢ οὐκ ἔστιν das Gebiet der Logik entdeckt, in dem Wort εἶναι den Grundbegriff aller Ontologie.

IV

Die Wege und die Grundalternative (Satz vom ausgeschlossenen Dritten). Wie wir von Pfad, Weg, Straße oder Gang sprechen, so besitzt auch die griechische Sprache verschiedene Wörter, um den Begriff ‚Weg' zu bezeichnen. Solche Wörter finden sich bei Parmenides an nicht wenigen Stellen: ὁδός B 1,2.5.27; B 2,2; B 6,3; B 7,2.3; B 8,1. 18; κέλευθος B 1,11; B 2,4; B 6,9; ἀμαξιτός B 1,21; πάτος B 1,27; ἀταρπός B 2,6.

Wer lediglich die einzelnen Stellen betrachtet, dessen Verständnis stößt nirgends auf Schwierigkeiten. Die Metaphorik des Weg-Bildes ist auch uns bekannt – Pfad der Tugend, Wandel der Menschen, Herakles am Scheideweg –, und wo Parmenides das Bild in einer Weise verwendet, die unserm Sprachgebrauch nicht so geläufig ist, da ist doch seine Ausdrucksabsicht unmittelbar verständlich. Trotzdem haben gerade die ‚Wege' des Parmenides Fragen aufgeworfen, die vielleicht das schwierigste Problem der Parmenides-Interpretation darstellen.

Der Grund ist leicht angegeben. So verständlich der einzelne Ausdruck auch immer ist, so schwer will es fallen, zwischen diesen Ausdrücken die angemessenen Beziehungen zu entdecken. Und gerade solche Beziehungen scheint es für Parmenides gegeben zu haben.

Mehrmals lesen wir von einem Weg, der empfohlen, und mehrmals von einem anderen, vor dem gewarnt wird. Daneben steht die deutliche Zweiteilung des Gedichtes: erst die Darstellung der wahren Lehre, dann der menschlichen Meinungen. Und so scheint eigentlich nichts näher zu liegen, als den Weg, den Parmenides eingeschlagen hat (B 1,26f.), mit dem Weg des Seins, der Überzeugung und der Evidenz (B 2,3f.) und daher mit der Wahrheit des ersten Hauptteils (B 1,29; 8,50f.), den Weg der Menschen (B 1,27; B 6,4) aber mit dem Weg des Nichtseins (B 2,5) und mit den Meinungen des zweiten Hauptteils (B 1,30; B 8,51f.) zu identifizieren. Der Zweiteilung des Gedichtes entspräche also die Alternative zwischen einem richtigen und einem falschen Weg.

Allein, eine solche Lösung scheitert an der einfachen Tatsache, daß in B 6,3f. deutlich vor zwei Wegen gewarnt wird. Da es daneben jedenfalls auch einen richtigen Weg geben muß – eben den Weg, auf dem sich nach den Worten der Göttin Parmenides befindet (B 1,26f.) –, sieht es so aus, als hätten wir mindestens mit drei Wegen zu rechnen. Wie verhalten sich diese drei Wege zueinander? Wie verhalten sie sich zu den zwei Teilen des Gedichts? Ist der eine Weg der Weg der wahren Lehre, ein anderer der der menschlichen Meinungen – eine Zuordnung, die an und für sich ja durchaus plausibel ist –, wer befindet sich dann auf dem dritten Weg? In dieser Frage besteht im Grunde das ganze Problem.

Für die Lösung sind m. E. zwei Beobachtungen entscheidend. (1) Die in B 8,16 knapp formulierte Alternative ἔστιν ἢ οὐκ ἔστιν ‚es ist gegenwärtig oder nicht gegenwärtig' wird in den zwei folgenden Versen etwas ausführlicher entfaltet als Alternative zweier Wege. (2) In Vers 17 erhält der eine dieser Wege dieselben Prädikate, die in B 2,7 nicht der Weg, sondern das μὴ ἐόν erhält; denn zweifellos muß im Sinne des Parmenides gelten: οὔτε γὰρ ἂν γνοίης (B 2,7) = ἀνόητον (B 8,17), und οὔτε φράσαις (B 2,8) = ἀνώνυμον (B 8,17).

Aus diesen beiden Beobachtungen folgt zwingend: Das Wort ‚Weg' hat in diesem Zusammenhang keinerlei Eigenwert, es bezeichnet einfach die beiden Seiten einer Alternative. Die knappe Formulierung ‚es ist gegenwärtig oder es ist nicht gegenwärtig' ist daher für Parmenides sachlich identisch mit der Formulierung, die sich des Bildes vom Scheideweg bedient: Hier der eine Weg, der lautet ‚es ist gegenwärtig', und dort der andere, der lautet ‚es ist nicht gegenwärtig'. Nur aus diesem Grund können Aussagen, die im eigentlichen Sinn dem gelten, was in der Alternative zur Wahl gestellt ist, ebenso gut auch auf die beiden Wege bezogen werden, die als Scheideweg die Alternative bilden. Konkret gesprochen: nicht nur das μὴ ἐόν ‚das Nichtgegenwärtige', sondern auch der Weg ‚es ist nicht gegenwärtig' kann als unerkennbar, namenlos, ganz unerfahrbar bezeichnet werden. Der einzige Unterschied zwischen der knappen sachlichen und der bildlichen Formulierung der Alternative besteht darin, daß der Appellcharakter, der jeder Alternative eigen ist, durch das Bild vom Scheideweg nachdrücklicher zum Ausdruck kommt.

Kann nun auch der Sinn der Alternative erst im Zusammenhang der Klärung der Wörter νοεῖν und εἶναι ganz deutlich werden, so läßt sich ihre Form doch schon jetzt genauer bestimmen. Die Alternative formuliert keinen konträren, sondern einen kontradiktorischen Gegensatz: ἔστιν ἢ οὐκ ἔστιν ‚es ist gegenwärtig oder nicht gegenwärtig'. Wie Parmenides entdeckt, hat dabei das ‚entweder – oder', das zwischen den beiden kontradiktorischen Begriffen steht, ausschließende Kraft: neben den beiden Möglichkeiten ‚ἔστιν' und ‚οὐκ ἔστιν' kann es eine weitere Möglichkeit nicht geben: tertium non datur. Folglich enthält der Satz ‚ἔστιν ἢ οὐκ ἔστιν' eine Generalisierung; d. h. er gilt von allem, worüber überhaupt Aussagen gemacht werden können; was einfache Beispiele leicht verdeutlichen können: etwas ist rot oder nicht rot, es ist Wasser oder nicht Wasser, und in formalisierter Form: es ist A oder nicht A. Offensichtlich erfaßt dieser Aussagetyp auf Grund seiner formalen Struktur – nämlich einfach deshalb, weil unter ‚nicht A' grundsätzlich jede weitere Aussage subsummierbar ist – den gesamten Bestand möglicher Aussagen. Die Alternative ἔστιν ἢ οὐκ ἔστιν hat daher umfassende, grundsätzliche Geltung. Wir sprechen im folgenden von ihr als der Grundalternative des Parmenides. Diese Grundalternative aber ist offensichtlich nichts anderes als der Satz vom ausgeschlossenen Dritten.

Von dieser Grundalternative gilt ferner, wie Parmenides sieht, daß sie notwendig ist. Denn ihre Negation – nämlich die Annahme, der Satz ‚etwas ist A oder nicht A; tertium non datur' sei falsch – ist aus einsichtigen Gründen unmöglich. Ist ihr kontradiktorischer Gegensatz aber unmöglich, so ist die Grundalternative notwendig. Was Parmenides dadurch zum Ausdruck bringt, daß er in B 2 zunächst die beiden Seiten der Alternative als die allein möglichen bezeichnet (μοῦναι, Vers 2) und dann jeder der beiden ausdrücklich den Modus der Notwendigkeit zuspricht. So erhält der eine Weg (Vers 3) die modale Charakterisierung in der Form οὐκ ἔστι μὴ εἶναι, ‚es ist nicht möglich nicht zu sein' = ‚es ist notwendig zu sein', der andere Weg (Vers 5) in der Form χρεών ἐστι μὴ εἶναι ‚es ist notwendig nicht zu sein'.

Die so entwickelte Grundalternative, die notwendig umfassende Bedeutung hat, wird nun von Parmenides nicht etwa in dem Sinn zur Wahl gestellt, daß man sich für den einen oder anderen ihrer beiden Wege entscheiden könnte. Parmenides meint nicht, wer sich für den ‚Weg' ὡς ἔστι entscheidet, befindet sich auf dem Weg der wahren Lehre, wer dagegen den ‚Weg' ὡς οὐκ ἔστι benutzt, der geht mit den menschlichen Meinungen. Als Scheideweg sind hier die beiden Wege vielmehr nur bildlicher Ausdruck für die Alternative; und in dieser Alternative werden jetzt nicht zwei Möglichkeiten, eine richtige und eine falsche, zur Wahl gestellt, sondern zur Debatte steht die Grundalternative als ganze. Die Grundalternative als solche kann verstanden oder mißverstanden werden. Wenn ich sie im Sinne des Parmenides verstehe, so verstehe ich ihre umfassende Geltung, ihren Ausschließlichkeitscharakter, ihre Notwendigkeit. Mißverstehe ich sie, so verstoße ich offensichtlich gegen das Gesetz vom ausgeschlossenen Dritten. Das aber bedeutet: Wer die Grundalternative versteht, befindet sich nicht etwa auf einem der beiden Wege, die eben diese Alternative bilden, sondern auf dem Weg, den Parmenides nach den Worten der Göttin eingeschlagen hat (B 1,26f.); und das Entsprechende gilt für den, der die Alternative mißversteht – ‚mißverstehen' heißt hier, wie wir noch sehen werden, ihre eine Seite etwa so verstehen: es ist zwar nicht gegenwärtig, aber es ist deshalb doch oder könnte jedenfalls sein –: auch er befindet sich nicht auf einem der beiden Wege innerhalb der Alternative, sondern auf dem, auf dem nach den Worten der Göttin die Menschen gehen (B 1,27; B 6,4ff.).

Zur Wahl stellt Parmenides das richtige und das falsche Verständnis der Grundalternative. Für beides nun, für das Zur-Wahlstellen einerseits und andererseits für die Alternative selbst verwendet er als sprachliche Bezeichnung das traditionelle Bild vom Scheideweg. So finden sich bei ihm der falsche Weg, auf den die menschlichen Meinungen gehören (sofern sie die Grundalternative mißverstehen), und der richtige, dem Parmenides folgt (sofern er die Grundalternative entdeckt hat). Daneben aber finden sich zwei Wege, die die Grundalternative bilden. Hier und dort dasselbe Bild vom Scheideweg; aber es ist klar: die beiden Weg-Paare haben nichts miteinander zu tun, und keinesfalls darf ein Weg des einen Paares mit einem des anderen identifiziert werden.

Und damit löst sich nun auch das Dilemma der ‚drei Wege', wie ich es oben skizziert habe. In B 6 warnt Vers 3 (πρώτης γάρ σ' ἀφ' ὁδοῦ ταύτης διζήσιος εἴργω ‚denn als erstem halte ich dich von *dem* Weg des Suchens fern') vor der negativen Seite der Grundalternative; Vers 4 aber warnt vor dem Weg, den die Menschen gehen, sofern sie sich an ihren Sinnen orientieren, die Grundalternative daher mißverstanden und sich dann zwangsläufig in Widersprüche verwickeln (Vers 8-9). In der Tat also warnt die Göttin vor zwei Wegen, aber die Warnung hat hier und dort einen durchaus anderen Sinn. Vor der negativen Seite der Alternative, dem μὴ ἐόν, hält die Göttin in Vers 3 ihren Adepten deshalb fern, weil dieser Weg als unerkannt, namenlos, unerfahrbar definiert ist; die Warnung ist hier lediglich notwendige Konsequenz der Definition: was qua

Definition unerkannt ist, darüber ist nicht weiter zu reden, einen Weg, der qua Definition unerkannt ist, kann man nicht gehen. Das ist der Sinn der Warnung vor einem Weg, dessen Begehbarkeit im strengen Sinn – nämlich dann, wenn die Grundalternative richtig verstanden ist – ohnehin gar nicht zur Debatte steht. – Gerade hier hätte es im übrigen für die Interpretation vermutlich niemals Schwierigkeiten gegeben, wenn Simplikios, dem allein wir die Verse verdanken, auch die Beschreibung dieses Weges zitiert hätte; da er jedoch dort nur an dem zweiten der von der Göttin abgelehnten Wege interessiert war, hat er, wie so oft in solchen Fällen, die Gedankenführung des vorausgehenden Zusammenhangs nur angedeutet und etwas ausgelassen. So fehlt uns gerade die Beschreibung dieses Weges, und es erhob sich unter den Interpreten die Frage, um welchen Weg es sich hier eigentlich handelt. – Vor dem anderen Weg aber, dessen Beschreibung Simplikios in den Versen 4-9 vollständig wiedergibt, warnt die Göttin deshalb, weil er, beruhend auf dem Mißverstehen der Grundalternative, in logische Widersprüche führt und also falsch ist, oder: weil er gegen den Satz vom ausgeschlossenen Dritten verstößt.

V

ἀλήθεια *als Evidenz*. In vielen Fällen benutzen die Griechen ihr Wort ἀλήθεια genau dort, wo wir ‚Wahrheit' sagen. So hat, wer heute solche Texte verstehen will, keine besonderen Schwierigkeiten. Daneben sind den Griechen jedoch Redeweisen geläufig, die einen Übersetzer in Verlegenheit bringen können. Wenn etwa die Wendung ἀλήθεια τῶν πραγμάτων anscheinend wörtlich mit ‚Wahrheit der Dinge' übersetzt wird, so sollte ein empfindliches Sprachgefühl anstoßen. Und wenn ein attischer Redner den Richtern einschärft „Ihr müßt zunächst einmal dafür sorgen, daß euch der Sachverhalt, der in diesem Prozeß zur Debatte steht, ἀληθές ist", so ergibt eine Übersetzung, die das fragliche Wort mit ‚wahr' wiedergeben wollte, offenbaren Unsinn.

Offensichtlich verstehen die Griechen ihr Wort ἀλήθεια etwas anders als wir unser Wort ‚Wahrheit'. Und wir wollen versuchen, diesen Unterschied zu beschreiben. Der erwähnte Redner will den Richtern nahelegen, den Sachverhalt so zur Kenntnis zu nehmen, wie er sich wirklich zugetragen hat; sie sollen sich dabei nicht von der verzerrenden Darstellung des Prozeßgegners beeinflussen lassen, sondern zuerst und vor allem sollen sie den Sachverhalt so sehen, wie er ‚an und für sich' ist: er soll ihnen klar und deutlich vor Augen liegen. Und genau das meint auch die geläufige Wendung ἀλήθεια τῶν πραγμάτων: Die Verhältnisse, die Dinge, wie sie – noch vor jeder notwendigerweise subjektiven Darstellung – an sich sind.

Gelegentlich können wir in solchen Fällen mit ‚die wahren Verhältnisse' übersetzen, und wir meinen ‚wahr' dann im Sinne von wirklich. Aber das geht keineswegs immer. Wer etwa in den Worten des erwähnten Redners ἀληθές mit ‚wirklich' wiedergeben wollte, muß den Satzbau umformen; etwa: ihr müßt zuerst den wirklichen Verlauf des Geschehens kennen lernen; oder: ihr müßt die Dinge sehen, wie sie sich wirklich zugetragen haben. Soll dagegen die syntaktische Form des Satzes beibehalten werden, wird eine deutsche Übersetzung Wörter wie ‚deutlich, klar' einsetzen müssen: ,,Ihr müßt dafür sorgen, daß euch der Sachverhalt, um den es hier geht, deutlich ist".

Sehen wir einmal von theologischen Sätzen wie ‚Ich bin die Wahrheit und das Leben' ab – Sätzen, über die wir uns vermutlich nur deshalb nicht wundern, weil wir sie von Jugend auf gehört haben –, so ist die Wahrheit nicht etwas, was Personen oder Dingen zukommt. Wahrheit ist vielmehr eine mögliche Eigenschaft von Sätzen, und zwar genauer: von Sätzen, die eine Aussage enthalten. ‚Dort kommt Emil'. ‚Als Platon starb, stand Aristoteles im 37. Lebensjahr'. ‚Die Zahl 7 ist eine Primzahl'. Wenn das, was eine derartige Aussage behauptet, tatsächlich der Fall ist, genau dann und nur dann ist die Aussage wahr.

Wie schon gesagt, benutzt auch der Grieche sein Wort ἀλήθεια oft in diesem Sinne; in solchen Fällen meint daher ἀλήθεια – ebenso wie unser Wort ‚Wahrheit' – eine mögliche Eigenschaft von Aussagesätzen. Daneben aber steht der eingangs skizzierte Sprachgebrauch: ἀλήθεια als eine mögliche Eigenschaft von Dingen und Sachverhalten. Wo das Wort in diesem Sinne verwendet wird, muß die deutsche Übersetzung Wörter wie ‚klar, deutlich, einleuchtend' benutzen. Offensichtlich gibt unsere Sprache eine Differenzierung an die Hand, die die griechische Sprache von Haus aus nicht macht: ἀλήθεια als Charakter von Aussagen = Wahrheit; ἀλήθεια als Charakter von Dingen = Unverborgenheit.

Nun scheint vieles dafür zu sprechen, daß die Griechen erst verhältnismäßig spät darauf aufmerksam geworden sind, daß sie für ihr Wort ἀλήθεια zwei verschiedene Verwendungsweisen haben. Und das wiederum scheint der Grund für gewisse Schwierigkeiten gewesen zu sein, um deren Lösung sich noch Platon und Aristoteles bemüht haben. Vielleicht ist es nicht unmöglich, daß wir uns die Eigenart dieser Schwierigkeiten wenigstens annäherungsweise verdeutlichen.

Etymologisch gehört ἀλήθεια zum selben Wortstamm wie die Wörter λανθάνειν ‚unbemerkt sein', ἐπιλανθάνεσθαι ‚vergessen', λήθη ‚Vergessen'. Für so verschiedene Begriffe wie ‚Vergessen' und ‚Wahrheit' hatten die Griechen also Bezeichnungen, die etymologisch verwandt waren. Doch sollen die etymologischen und semantischen Beziehungen im einzelnen hier nicht erörtert werden. Es genügt, wenn wir uns darüber klar sind, daß die Beziehungen zwischen diesen und verwandten Wörtern immer empfunden worden sind. So wußte man auch, daß das Wort ἀλήθεια aus einer privativen Vorsilbe ἀ- ‚Un-' und einem Wortstamm gebildet war, den wir etwa mit ‚verborgen sein' wiedergeben können.

In der Tat hat sich nun dort, wo man im deutschen Sprachbereich Wert darauf legte, in einer Übersetzung auch die Etymologie des griechischen Wortes zur Sprache zu bringen, als Übersetzungswort ‚Unverborgenheit' eingebürgert. Und dagegen ist zunächst auch nichts zu sagen. Denn leicht ist einzusehen, daß eine solche Übersetzung überall dort gut paßt, wo ἀλήθεια im Sinne eines Charakters von Dingen verwendet ist, also überall dort, wo Ausdrucksweisen vorliegen, die dem Grundtyp ἀλήθεια τῶν πραγμάτων entsprechen. Ebenso klar ist freilich, daß diese etymologisch orientierte Übersetzung überall dort versagen muß, wo ἀλήθεια Charakter einer Aussage ist; denn eine Wortverbindung ‚diese Aussage ist unverborgen' wäre als Satz der deutschen Sprache nicht nur unkorrekt, sondern schlicht sinnlos.

Damit aber sehen wir uns wiederum vor der Tatsache, daß wir zwischen Wörtern wählen müssen, wo der Grieche nur eines benutzt. Was allerdings die Etymologie angeht, so bietet auch unsere Sprache ein Wort, das das griechische Wort ἀλήθεια annähernd wörtlich wiedergibt. Und dieses Wort ‚Unverborgenheit' scheint darüber hinaus auch der einen Bedeutung des griechischen Wortes zu entsprechen. ‚Unverborgenheit' widerstrebt jedoch jeder Verwendung dort, wo ἀλήθεια auf Aussagen bezogen ist, wo wir also von ‚Wahrheit' zu sprechen pflegen. Für unser Sprachempfinden sind verborgen oder unverborgen eben Dinge, falsch oder wahr aber sind Aussagen.

Tatsächlich bietet die deutsche Sprache für die Übersetzung des Wortes ἀλήθεια kein Wort, das den drei Anforderungen entspricht: (1) die Etymologie des griechischen Wortes – wenigstens annäherungsweise – wiederzugeben, und dann einen möglichen Charakter sowohl (2) von Dingen als auch (3) von Aussagen zu bezeichnen. Vielleicht aber ist das eingebürgerte Wort ‚Evidenz' geeignet, doch wenigstens die Anforderungen (2) und (3) zu erfüllen und so einen Eindruck von den Verwicklungen zu vermitteln, die dem Wahrheitsbegriff im Griechischen durch das homonyme Wort ἀλήθεια drohten.

‚Die Dinge sind evident'. ‚Der Sachverhalt ist evident'. ‚Der Zusammenhang ist evident'. Mit solchen Sätzen können wir sagen, daß uns die Dinge so deutlich vor Augen stehen, daß sich jedes Wort – ob im Sinne einer Deutung und Erklärung, oder vielleicht auch im Sinne einer Aufforderung, entsprechend der ‚evidenten Situation' zu handeln – erübrigt. Wir können jedoch auch Sätze bilden wie ‚Die vorgetragenen Gedanken sind evident'; wir sprechen von der Evidenz der Aussage und des Urteils, und wir meinen damit, daß uns die Darlegung einleuchtet, daß sie unserer Meinung nach richtig ist, daß uns die Argumentation durch ihre Logik überzeugt hat, kurz: daß die Aussage wahr sei.

Nehmen wir nun versuchsweise an, die deutsche Sprache besäße weder ein Wort wie ‚Unverborgenheit' noch ein Wort wie ‚Wahrheit', sondern nur das Wort ‚Evidenz'. Wir würden dann von der Evidenz der Dinge, der Verhältnisse, der Lage so gut sprechen wie von der Evidenz des Urteils oder der Aussage. Und erst bei entwickelter Reflektion würden wir bemerken, daß wir mit Evidenz hier und dort im Grunde etwas gänzlich Verschiedenes meinen.

In einer gewissen Annäherung ist damit – wie ich glaube – eine Situation verdeutlicht, in der sich befindet, wer im Rahmen der griechischen Sprache anfängt, nach dem Wesen der Erkenntnis zu fragen und infolgedessen das, was wir Wahrheit nennen, zu problematisieren (Daß noch Aristoteles Metaph. E 4 sich genötigt sieht, eigens zu betonen, Ort der ἀλήθεια seien nicht die Dinge, sondern das Denken, ist leichter verständlich, wenn man annimmt, daß die Griechen bei diesem Wort zunächst eben nicht an den speziellen Begriff ‚Wahrheit', sondern an den umfassenderen ‚Evidenz' gedacht haben). Nun war Parmenides nicht der erste, der nach den Möglichkeiten menschlicher Erkenntnis fragte; in dieser Hinsicht steht er durchaus in einer Tradition. Wohl aber ist er, soweit wir sehen können, der erste gewesen, der in diesem Zusammenhang das Wort ἀλήθεια programmatisch exponierte. Die sieben Stellen, an denen das Wort bei ihm begegnet, seien daher hier besprochen.

Zweimal findet sich die Verbindung πίστις ἀληθής (B 1,30; 8,28), und die Übersetzungen schwanken zwischen ‚wahrer Gewißheit, Verläßlichkeit, Überzeugung, true belief oder conviction'. πίστις heißt jedoch bei den attischen Rednern – und später bei Platon und Aristoteles – dort, wo sie argumentieren, öfter ‚Beweis für Glaubwürdigkeit oder Treue' oder einfach ‚Beweis'; so spricht Antiphon zweimal von der πίστις σαφεστάτη, von dem ‚deutlichsten Beweis' (5,84; 6,28; s. ferner 6,25; Lysias 4,18; 12,77 und 12,9.27; 19,32; 25,13). Und genau das bedeutet auch die Wendung πίστις ἀληθής. Parmenides, der die zwingende Kraft logischer Argumentation entdeckt, meint etwas, das wir am ehesten mit ‚evidenter Beweis' wiedergeben können. In B 1,30 sind es die menschlichen Eindrücke, die sich nicht argumentierend rechtfertigen können, die gegen die Logik – z.B. gegen das Gesetz vom ausgeschlossenen Dritten – verstoßen, die also keinen ‚einleuchtenden Beweis' enthalten (ταῖς οὐκ ἔνι πίστις ἀληθής). Umgekehrt meint Parmenides in B 8,28, die Unmöglichkeit von Werden und Vergehen sei von ihm überzeugend bewiesen: mein evidenter Beweis hat sie verstoßen (ἀπῶσε δὲ πίστις ἀληθής).

Ähnlich sind die beiden Stellen, an denen Parmenides seinen ersten Hauptteil gleichsam unter den Titel ἀλήθεια stellt. ,,Du mußt alles hören, sowohl das unerschütterliche Herz der überzeugenden ἀλήθεια, als auch die Eindrücke der Menschen" (B 1,29). Diesen einleitenden Worten entspricht als Abschluß: ,,Damit beende ich mein glaubwürdiges Reden und Denken über ἀλήθεια" (B 8,50). Über die Schwierigkeiten, die beide Sätze dem Verständnis bieten, ist oben (S. 81f.) gesprochen. Entweder will Parmenides sagen, die Ausführungen seines ersten Hauptteils seien evident so, daß Evidenz geradezu ihr entscheidendes Merkmal sei; in diesem Fall könnte es für uns jedenfalls naheliegen, ἀλήθεια mit ‚Wahrheit' zu übersetzen. Oder aber Parmenides spricht hier von Evidenz – („über Evidenz" heißt es B 8,51) – als dem Charakter dessen, was seinen Ausführungen zugrundeliegt; Thema aber dieses ersten Hauptteils sind die Grundalternative ἔστιν ἢ οὐκ ἔστιν und der Grundbegriff εἶναι. Und in der Tat sind beide, Grundalternative und Grundbegriff, evident, doch in verschiedenem Sinne: Der Satz vom ausgeschlossenen Dritten ist logisch evident, das ἐόν dagegen ist evident im Sinne von unverborgen, zugänglich, gegenwärtig.

Sind die Eindrücke der Menschen, die sich nicht an der Grundalternative orientieren können, auch ohne evidenten Beweis, so sind sie selbst doch durchaus überzeugt, daß die Namen, mit denen sie ihre Eindrücke belegen und dadurch ihren Meinungen Ausdruck geben, evident seien (B 8,39 πεποιθότες εἶναι ἀληθῆ). In dieser Verwendung tendiert ‚evident' zur Bedeutung ‚richtig'.

Zweimal schließlich ist ἀλήθεια zwar nicht auf die Grundalternative als ganze, wohl aber auf ihre eine Seite bezogen. In B 2,3f. steht ἀλήθεια in Zusammenhang mit dem Weg ὡς ἔστιν: ἡ μὲν ὅπως ἔστιν τε καὶ ὡς οὐκ ἔστι μὴ εἶναι, / πειθοῦς ἐστι κέλευθος, ἀληθείῃ γὰρ ὀπηδεῖ. In B 8,17 dagegen steht οὐκ ἀληθής in Zusammenhang mit dem Weg ὡς οὐκ ἔστιν: τὴν μὲν ἐᾶν ἀνόητον ἀνώνυμον, οὐ γὰρ ἀληθής / ἔστιν ὁδός. Die bisherigen Übersetzungen sprechen durchweg von Wahrheit und wahrem Weg, was dem Gedankengang des Parmenides nicht gerecht wird.

Auszugehen ist zunächst davon, daß die zwei Wege, also das Bild vom Scheideweg, nur bildlicher Ausdruck für die Grundalternative sind. Es macht daher sachlich keinen Unterschied, ob Parmenides vom Weg ὡς οὐκ ἔστιν oder vom μὴ ἐόν spricht; über beides kann er dieselben Aussagen machen. So heißt es in B 2,7f. über das μὴ ἐόν: οὔτε γὰρ ἂν γνοίης τό γε μὴ ἐόν – οὐ γὰρ ἀνυστόν – / οὔτε φράσαις; in B 8,17 aber erhält der Weg ὡς οὐκ ἔστιν die Prädikate ἀνόητον und ἀνώνυμον. Da nun aber sicher gilt: οὔτε ἂν γνοίης = ἀνόητον, und οὔτε φράσαις = ἀνώνυμον, läßt sich präzisieren: Das μὴ ἐόν ist ἀνόητον, ἀνώνυμον, οὐκ ἀληθές; das ἐόν aber erhält die hierzu kontradiktorischen Prädikate.

Nun sind aber ‚unerkannt' und ‚namenlos' Aussagen nicht über Aussagesätze, sondern über Gegenstände. Schon deshalb darf das letzte der drei Prädikate, (οὐκ) ἀληθές, nicht als ‚(nicht) wahr' übersetzt werden; denn damit würden wir eben eine Aussage über eine Aussage erhalten. Wir haben also zu übersetzen: Das μὴ ἐόν ist unerkannt, namenlos, nicht evident; das ἐόν dagegen ist evident.

Daß an beiden Stellen, B 2,4 und B 8,17, die korrekte Übersetzung nicht ‚Wahrheit', sondern ‚Evidenz' lautet, wird durch drei weitere Beobachtungen bestätigt. An den Parallelstellen B 2,6-8 und B 8,17 werden über das μὴ ἐόν jeweils drei Aussagen gemacht. Und wenn zurecht gilt: οὔτε γὰρ ἂν γνοίης = ἀνόητον, und οὔτε φράσαις = ἀνώνυμον, dann muß auch gelten: παναπευθές = οὐκ ἀληθές. Was in der Tat der Fall ist: ‚ganz unerfahrbar' = ‚nicht evident, verborgen'. Und ferner: In B 2 steht παναπευθής (Vers 6) als Charakteristikum des einen Weges offenbar in Gegensatz zu ἀλήθεια, durch die der andere Weg der Alternative charakterisiert wird (Vers 4); und dem Begriff ‚ganz unerfahrbar' entspricht auf der Gegenseite nicht ein Begriff wie ‚Wahrheit', sondern eher etwas wie ‚Einsichtigkeit, Zugänglichkeit, Evidenz'. Und schließlich fordert schon die korrekte Nachzeichnung des in B 2,4 vorliegenden Gedankenganges, daß ἀλήθεια dort nicht als Wahrheit verstanden wird. Es heißt dort: „Der eine Weg ist der Weg der Überzeugung; denn sie folgt der ἀλήθεια". Hier nennt der Denn-Satz den Grund, weshalb der eine Weg ‚Weg der Überzeugung' heißt. Überzeugung aber stellt sich nicht dann ein, wenn etwas wahr ist, sondern dann, wenn man etwas für wahr hält. Wir können zwar sagen: „Ich bin überzeugt, daß das wahr ist"; wir können jedoch – oder sollten jedenfalls – nicht sagen: „Ich bin überzeugt, weil das wahr ist", sondern korrekt muß der Satz lauten: „Ich bin überzeugt, weil ich das für wahr halte", was soviel bedeutet wie: „Ich bin überzeugt, weil es mir einleuchtet, weil es mir evident erscheint". Und genau das hat auch Parmenides an dieser Stelle im Sinne: „Der eine Weg – nämlich der Weg, der da lautet ‚es ist (gegenwärtig)' – ist der Weg der Überzeugung; denn Überzeugung folgt der Evidenz." Die Begründung aber dafür, daß Parmenides überhaupt diese Aussage machen kann, liegt offensichtlich allein darin, daß für ihn die Gleichung ἐόν = ἀληθές gilt. Nur unter der Voraussetzung, daß Evidenz für ihn ein Charakter des ἐόν bzw. des Weges ὡς ἔστιν ist, hat das begründende ‚denn' eine Berechtigung.

Evidenz als Charakter der einen Seite der Grundalternative ist keine logische Evidenz, wie sie der Grundalternative als ganzer zukommt, sondern sie beruht auf der einfachen Tatsache, daß das, was als gegenwärtig verstanden wird, das Prädikat evident im Sinne von ‚unverborgen, zugänglich' erhalten kann. Parmenides selbst hat die Mehrdeutigkeit seines Evidenzbegriffs nicht durchschauen können; zwischen der logischen Evidenz, die der Grundalternative, und der Evidenz als Unverborgenheit, die dem Grundbegriff zukommt, hat er nicht unterschieden.

Zusammenfassend können wir die Art, in der Parmenides das Wort verwendet, jetzt so skizzieren:

(1) Evident ist ein Beweis (B 1,30; B 8,28).
(2) Evident sind die der Grundalternative ἔστιν ἢ οὐκ ἔστιν und dem Grundbegriff εἶναι gewidmeten Ausführungen des ersten Hauptteils; oder aber: evident ist das Thema dieser Ausführungen, d.h. Grundalternative und Grundbegriff (B 1,29; B 8,51).
(3) Evident sind, wie die Menschen irrtümlich glauben, die Namen, die sie allem verleihen, und ihre dadurch zur Sprache gebrachten Eindrücke (B 8,39).
(4) Evident ist das ἐόν (B 2,4), nicht evident das μὴ ἐόν (B 8,17).

VI

Zu den Wörtern νόος *und* νοεῖν. Für das griechische Wort νόος und seine Ableitungen besitzt unsere Sprache kein Aequivalent. Gemeinhin verwenden deutsche Übersetzungen Wörter wie ‚denken' und ‚Verstand', doch werden damit Vorstellungen nahegelegt, die in der griechischen Wortgruppe ursprünglich nicht enthalten sind. ‚Ich denke an dich'; ‚ich dachte an nichts Böses'; ‚ich denke zu verreisen'; ‚ich dachte, du seist hier'; ‚wo denken Sie hin?'; ‚da hast du dir was Schönes ausgedacht'; ‚das ist die denkbar schlechteste Lösung'. In solchen und ähnlichen Sätzen unserer Umgangssprache, die jedem geläufig sind, ist das aktive Moment in ‚denken' unüberhörbar. Und diese aktive Nuance der Wortbedeutung wird im philosophischen Sprachgebrauch nur noch ausgeprägter. So bestimmt ein Wörterbuch der philosophischen Begriffe Denken als „das fehlerfreie Arbeiten des Verstandes." Das Denken „bestimmt, vergleicht, unterscheidet, zerlegt die Begriffe, hebt das Gemeinsame an ihnen heraus, um ihre Beziehungen zueinander zu erkennen, führt neue, passendere Begriffe ein" usw. Ist für die landläufige Ansicht Denken „im weitesten Sinn jedes aktive seelische Verhalten des Menschen im Unterschied zum Empfinden, Hingegebensein an Eindrücke, Waltenlassen von Bildern", so kann der Philosoph präzisieren: „Denken kann ich mir, was ich will, wenn ich mir nur nicht selbst widerspreche". Dieser Satz, mit dem einst Kant die Bedeutung des Wortes charakterisiert hat, gilt in derselben Strenge auch für unseren heutigen Sprachgebrauch.

Von all dem müssen wir absehen, wenn wir verstehen wollen, was im Griechischen das Wort νοεῖν bedeutet hat. νοεῖν ist gerade nicht ein aktives Verfahren, sondern – wenn wir einmal die Opposition ‚aktiv-passiv' zugrundelegen wollen – eher eine passive, rezeptive Haltung; νοεῖν meint kein Zergliedern, sondern ein Hinnehmen, eine geistige Wahrnehmung nach Art eines sechsten Sinnes, der durchaus nach dem Modell optischer Wahrnehmung verstanden wird. νοεῖν ist eine Art geistiges Sehen, ein intuitives Erkennen. Die Verwendung des Wortes sei kurz verdeutlicht (in allem Wesentlichen nach K. von Fritz).

Die Grundbedeutung ist ‚eine komplexe Situation erkennen oder begreifen'. In der Ilias wendet sich Aphrodite in der Gestalt einer alten Frau an Helena, und Helena ‚erkennt' plötzlich, daß die Alte, die sie da vor sich sieht, in Wahrheit eine Göttin ist; was den Spielraum ihrer eigenen Reaktion entscheidend einengt (3,396). Oder: Indem Menelaos in dem einzelnen Mann, der auf der Gegenseite aus der Reihe der Kämpfer hervorgetreten ist, Paris ‚erkennt', sieht er gleichzeitig die so lang ersehnte Gelegenheit vor sich, den ihm angetanen Schimpf zu rächen (3,21). Oder: Als Hektor, der den heranstürmenden Achill vor den Toren erwartet, seinen Gegner ‚erkennt', faßt ihn ein Zittern: nicht etwa weil er erst jetzt dessen Identität erkannt hätte – er wußte vorher, um wen es sich handelt –, sondern weil er beim Anblick Achills seine eigene Lage erkennt und weiß, daß er verloren ist (22,136). In solchen Fällen wird im Akt des νοεῖν offensichtlich mehr ‚gesehen', als sich dem optischen Sinn darbietet. Der νόος entdeckt in und hinter der Erscheinungswelt die wahren Verhältnisse; eine komplexe Situation wird erfaßt, und dazu gehört der Ausblick in die Zukunft ebenso wie eine Besinnung auf Faktoren, die aus der Vergangenheit heraus den Augenblick bestimmen. So kann schon im alten Epos νόος gelegentlich die Bedeutung von ‚Gedanke' oder ‚Plan' annehmen; denn wer etwa die Gefährlichkeit einer Situation durchschaut, der ist sich gegebenenfalls auch über die angemessene Reaktion im klaren (9,104). Doch ist auch dann nicht an den Prozeß analysierender Überlegungen, sondern an eine Vorstellung gedacht, die sich als Reaktion auf die erkannte Situation unmittelbar einstellt. Dabei ist es für den νόος, der in dieser Weise Situationen durchschaut und reagiert, eigentümlich, daß er – anders als die Sinne – an die räumliche und zeitliche Gegenwart gerade nicht gebunden ist, daß er sich ‚gedankenschnell' hierhin und dorthin versetzen kann: „Wie der Gedanke des Mannes umherfliegt, der, da er viele / Länder bereits durchzog, im sinnenden Herzen erwäget: / ‚dort wäre gut zu verweilen und dort', und vieles verlockt ihn: / also geschwind und geflissen entflog die heilige Hera" (Ilias 15,80 ff.; Übersetzung Voss-Schröder).

In dieser Fähigkeit, nach Art eines geistigen Auges mehr zu ‚sehen' als dem sinnlich Gegebenen unmittelbar abzulesen ist, die Situation zu durchschauen, gegebenenfalls die richtige Reaktion zu wissen, aber auch das räumlich und zeitlich Entfernte zu vergegenwärtigen – in dieser Fähigkeit, für die die Griechen die Wörter νόος und νοεῖν verwenden, liegen die Wurzeln für jenen Geistbegriff, den spätere Zeiten dann im strengen Gegensatz zur sinnlichen Wahrnehmung entwickeln. Die Ausbildung eines solchen Begriffs hat durch Parmenides wesentliche Förderung erfahren, doch ist sein eigener Sprachgebrauch nur vor dem Hintergrund der älteren Sprache zu verstehen.

Bei Parmenides begegnen die Wörter νόος (B 4,1; B 6,6; B 16,2), νοεῖν B 2,2; B 3; B 8,8.34.36), νόημα (B 7,2; B 8,34.50; B 16,4), νοητόν (B 8,8) und ἀνόητον (B 8,17). Da, wie sich noch zeigen wird, die Wortgruppe von einiger Bedeutung ist bei dem Versuch, den Sinn von εἶναι genauer zu erfassen, sollen hier mehrere der genannten Stellen besprochen werden.

Schon im alten Epos ist es für den νόος eigentümlich, das zeitlich und räumlich Entfernte vergegenwärtigen zu können; diese spezifische Fähigkeit, etwas zu erfassen, was dem sinnlichen Kontakt entzogen ist, bringt B 4,1 eigens zur Sprache: λεῦσσε δ' ὁμῶς ἀπεόντα νόῳ παρεόντα βεβαίως ‚sieh aber mit der Vernunft gleichermaßen die entfernten Dinge, die durch sie fest gegenwärtig sind'.

Auch in B 2,2 (αἵπερ ὁδοὶ μοῦναι διζήσιός εἰσι νοῆσαι) erfaßt der Akt des νοεῖν etwas, das in den Erscheinungen nicht unmittelbar gegeben ist. Die Grundalternative ἔστιν ἢ οὐκ ἔστιν läßt sich nicht sehen, sondern sie wird –

bei rechter Betrachtung – sozusagen intuitiv erfaßt, weil sie logisch evident ist. Wir sind allerdings geneigt, hier zu übersetzen „welche Wege allein denkbar sind". Aber ‚denkbar' führt uns auf falsche Vorstellungen, denn denkbar sind nach unserem Sprachgebrauch auch mancherlei Möglichkeiten, die sich bei näherem Zusehen als durchaus falsch erweisen; und auch Parmenides rechnet später mit einem weiteren, dem sog. dritten Weg, den die Menschen gehen; denkbar im Sinne unseres modernen Sprachgebrauches sind also auch für ihn nicht nur zwei Wege. Hier aber meint Parmenides gerade: Bei richtiger Betrachtung sind nur die zwei folgenden Wege – eben die beiden Seiten der Grundalternative – wahrzunehmen; wer die Dinge richtig betrachtet, der muß das grundsätzliche ‚entweder - oder' und damit den Satz vom ausgeschlossenen Dritten erkennen; von der Sache her sind also allein die beiden Wege möglich, die ich jetzt nennen werde. Während wir nun geneigt sind, in der Entdeckung der Grundalternative das Ergebnis analysierender Verstandestätigkeit zu sehen, sieht Parmenides in dem Satz vom ausgeschlossenen Dritten eine komplexe Gegebenheit, die als ganze in einem einzigen erfassenden Akt vom νόος erkannt und ihm so evident wird.

Nicht alle, die in derselben Situation stehen, erfassen sie in derselben Weise. Weil ihre Verfassung unterschiedlich ist, reagieren sie auch unterschiedlich. Im homerischen Epos haben etwa Phäaken und Kyklopen verschiedene Gesinnung, und so hat auch ein und dieselbe Situation für sie nicht dieselbe Bedeutung. Doch das gilt auch für den einzelnen; auch er ist nicht immer in derselben Verfassung, und so können identische Situationen für ihn verschiedene Bedeutung gewinnen. Schon Homer kennt daher verschiedene νόοι der Menschen, und Hesiod spricht davon, daß Zeus zu anderen Zeiten anderen Sinnes sei (Op. 483 ἄλλοτε δ' ἀλλοῖος Ζηνὸς νόος αἰγιόχοιο). Und schließlich steht neben der Möglichkeit, eine Situation zu durchschauen und die Wahrheit zu erkennen, selbstverständlich immer auch die

Möglichkeit der Verfehlung. Wer falsch handelt, hat die Lage gerade nicht erkannt (οὐκ ἐνόησεν), sein νόος ist aus dem einen oder anderen Grunde verwirrt, er selbst verstört (Ilias 24, 358-60 νόος χύτο .... στῆ δὲ ταφών).

Vor dem Hintergrund solcher Redeweisen müssen die Stellen gesehen werden, an denen Parmenides das Versagen und die Bedingtheit des νόος zur Sprache bringt. Sofern die Menschen sich allein an den Sinnen orientieren und nicht in der Lage sind, die Phänomene auf die ihnen zugrundeliegende Grundalternative hin zu durchschauen, sind sie geprägt von Hilflosigkeit (ἀμηχανία), ihre Vernunft ist schwankend, sie selbst verstört (B 6,6 πλαγκτὸν νόον .... τεθηπότες). Denn sie verstoßen, wie B 6,8f. ausführt, gegen den Satz vom ausgeschlossenen Dritten. Die Tatsache aber, daß der νόος verschiedener Menschen und zu verschiedenen Zeiten verschieden ist, versucht Parmenides gleichsam physiologisch zu erklären (B 16). Wie die Welt, so wird auch der Mensch von den Grundkräften Heiß und Kalt bestimmt; im Akt der Erkenntnis erfaßt er daher Gleiches mit Gleichem. Die Mischung der zwei Grundkräfte unterliegt allerdings Veränderungen, und das Erkenntnisvermögen bestimmt sich nach dem augenblicklichen Mischungsverhältnis; ein Grundsatz, der für die Menschheit insgesamt und für jeden einzelnen gilt. Erkenntnis ist das in der Mischung jeweils Überwiegende (B 16). Mit dieser Theorie gelingt Parmenides erstmals eine Erklärung der Differenzen, wie sie zwischen Völkern ebenso wie zwischen Individuen, aber auch zwischen den verschiedenen Zuständen des einzelnen zu beobachten sind.

Mag der νόος durch die jeweilige Konstitution bedingt sein und mag er fehlgehen, er bleibt deshalb doch das Erkenntnisvermögen, das gegebenenfalls mehr und weiter sieht als das die Sinne können, das, unabhängig von Raum und Zeit, Entferntes vergegenwärtigt, den Dingen auf den Grund schaut, sieht wie es eigentlich ist. Der νόος denkt sich nicht etwas aus, sondern er begreift, nimmt wahr, erfaßt etwas. Wir können versuchen, νόος als Vernunft zu verstehen, sofern wir dabei an ‚vernehmen' denken. νοεῖν ist eine Art γιγνώσκειν und wird von Parmenides denn auch im selben Sinne gebraucht: ἀνόητον (B 8,17) bedeutet nichts anderes als οὔτε ἂν γνοίης (B 2,7). Daher steht auch gar nicht zur Debatte, ob etwa das, was ich mir denke, richtig ist, geschweige denn, ob es existiert. Denn der Akt des νοεῖν wird primär eben als ein Beeindruckt-, ein Affiziertwerden verstanden; und so ist im erfassenden Akt des νοεῖν dasjenige, von dem der Eindruck bewirkt wird, immer schon vorausgesetzt. Vergleichbar ist etwa der Vorgang des Sehens; auch bei ihm ist nicht zu trennen zwischen dem bloßen (inhaltsleeren) Akt einerseits und dem optischen Erfassen eines Gegenstandes andererseits; dieser sog. reine Akt ohne ein im Akt erfaßtes Objekt ist eine künstliche Abstraktion; in Wahrheit ist Sehen immer schon Sehen von etwas. Und wie es kein Sehen ohne Gesehenes gibt, so gibt es kein Wahrnehmen ohne Wahrgenommenes, kein Begreifen ohne Begriffenes, kein Erkennen ohne Erkanntes. Parmenides drückt diesen an und für sich ganz einfachen Sachverhalt so aus, daß er sagt: νοεῖν ‚erkennen' und εἶναι ‚sein' ist dasselbe (B 3; B 8,34); was nichts anderes meint, als daß νοεῖν und εἶναι in Korrelation stehen. Die beiden Wörter sind aufeinander bezogen und haben Sinn überhaupt nur in dieser ihrer Wechselbeziehung.

Im Akt des νοεῖν wird dasjenige, das erfaßt wird, immer als eine – in irgendeiner Weise vermittelte und möglicherweise sehr komplexe – Gegebenheit vorausgesetzt. Der νόος erfaßt zeitlich und räumlich Entferntes, er durchschaut Gegenwärtiges, sieht Unsichtbares und begreift ein so komplexes Gebilde wie den Satz vom ausgeschlossenen Dritten. Indem er Gegebenheiten der verschiedensten Art vor das geistige Auge stellt, macht er sie gegenwärtig. Nicht, daß sich νοεῖν immer mit ‚vergegenwärtigen' übersetzen ließe; aber in der temporalen Metapher ist doch ein wesentlicher Grundzug dessen, was im Akt des νοεῖν geschieht, zum Ausdruck gebracht. Der νόος erfaßt Gegebenheiten so, daß sie evident, daß sie gegenwärtig sind.

VII

Der Grundbegriff εἶναι. Das Wort ‚Sein' wird von uns in verschiedenen Bedeutungen verwendet. In Sätzen wie ‚am Himmel sind Sterne' oder ‚im Garten sind Maulwürfe' meint das Wort ein Vorhandensein im Sinne von existieren. Dagegen in Sätzen wie ‚zwei mal zwei ist vier', ‚das Meer ist blau', ‚der Morgenstern ist der Abendstern' wird mit dem Wort eine logische Beziehung bezeichnet, die in zwei dieser Sätze genauer als Identität anzugeben wäre. Was für das deutsche Wort gilt, gilt auch für seine fremdsprachlichen Äquivalente: ‚Sein' und seine Entsprechungen in anderen Sprachen werden in mehr als einem Sinn verwendet.

Aus der Geschichte der europäischen Philosophie ist die Frage nach dem Sein und damit das Problem der Mehrdeutigkeit dieses Wortes nicht fortzudenken. Philosophische Kunstwörter wie existentia und essentia, Seiendes, Dasein, Sosein und Wesen, die heute jedem geläufig sind, sprechen von dem jahrhundertelangen Bemühen, die in der Bedeutungsvielfalt liegende Problematik immer wieder anders aufzulösen.

Wie das allgemeine Phänomen sprachlicher Mehrdeutigkeit, so hat speziell auch die Mehrdeutigkeit von ‚Sein' grundsätzlich schon Platon erkannt (Euthydem 283CD). Doch erst seine Schüler Speusipp und Aristoteles haben Begriffssysteme entwickelt, mit deren Hilfe die hier möglichen Verwicklungen durchschaubar wurden (Von ihnen stammen z. B. die noch heute gebräuchlichen Termini ‚homonym' und ‚synonym'). Aristoteles hat dann aus praktischem Interesse die verschiedenen Arten sprachlicher Mehrdeutigkeit gesammelt und katalogisiert, und er hat für solche Wörter, die innerhalb philosophischer

Überlegungen von Gewicht sein können – wie Prinzip, Ursache, Element, Natur, notwendig, usw. –, jeweils ihre verschiedenen Bedeutungen bzw. Verwendungsweisen zusammengestellt. Er ist denn auch der erste, der für das Verbum εἶναι und seine nominalen Ableitungen ὄν und οὐσία der Bedeutungsvielfalt systematisch nachgegangen ist.

Daß diese Wörter ‚vielfach‘ verwendet werden, lesen wir bei Aristoteles immer wieder: „Denn von Sein sprechen wir in vielfacher Weise" (Metaph. 1077 b 17 πολλαχῶς γὰρ τὸ εἶναι λέγομεν. Möglich ist hier und sonst auch die Übersetzung: Das Wort ‚Sein‘ verwenden wir ...); „vom Seienden wird in vielfacher Weise gesprochen" (Metaph. 1028 a 10 τὸ ὂν λέγεται πολλαχῶς); „vom Wesen wird, wenn nicht in mehr, so jedenfalls in vierfacher Weise gesprochen" (Metaph. 1028 b 33 λέγεται δ᾽ ἡ οὐσία, εἰ μὴ πλεοναχῶς, ἀλλ᾽ ἐν τέτταρσί γε μάλιστα). Und wenn Aristoteles den mehrfachen Sinn von Sein des näheren erläutern will (Metaph. 1017 a 7 - b 9; 1026 a 32 - b 2; 1051 a 34 - b 2), so unterscheidet er die folgenden vier Verwendungsweisen:

1) Sein als akzidentelles Sein, im Sinne des Zufälligen, Wechselnden, Unwesentlichen (κατὰ συμβεβηκός). „Der Baumeister ist musikalisch"; ‚musikalisch sein‘ kommt einem Baumeister nur akzidentell zu.

2) Sein als Sein an sich (καθ᾽ αὑτό). Dieses Sein wird weiter differenziert entsprechend den Kategorien, den Formen der Aussage (Aussagen können nach Aristoteles bekanntlich betreffen das Was, die Qualität, Quantität, Verhältnis, Ort, Zeit, Bewirken und Betroffenwerden, Sichbefinden und Sichverhalten). Zur Verdeutlichung weist Aristoteles daraufhin, daß jede Aussage mit Hilfe von ‚Sein‘ formuliert werden kann: er geht = er ist gehend. Sein im hier gemeinten Sinn liegt also vor in Aussagen wie: das ist ein Nashorn; er ist blau; er ist auf dem Turm; er ist gehend; usw.

3) Sein als Wahrsein. ‚Sokrates *ist* musisch' meint, daß er das wirklich ist, daß also die Aussage, die das behauptet, wahr ist.

4) Sein als Möglichkeit und Wirklichkeit. „Sehend nennen wir das dem Vermögen nach Sehende wie auch das aktuell Sehende". „Die Statue ist in dem Stein", aus dem sie herausgeschlagen wird.

Ob die so gegebene Differenzierung uns heute befriedigt, darauf soll es hier nicht ankommen. Es genügt, wenn deutlich wird, daß Aristoteles erstmals verschiedene Verwendungsweisen des Wortes ‚Sein' systematisch unterschieden hat. Zwei Punkte jedoch, die dem Modernen sogleich in die Augen fallen, müssen erwähnt werden, zumal sie auch für Parmenides nicht ohne Bedeutung sind.

Für unseren absoluten Gebrauch von Sein, mit dem wir die Existenz von etwas aussagen, finden wir bei Aristoteles offensichtlich keine Entsprechung. Was um so merkwürdiger ist, als Aristoteles auf den Unterschied zwischen absolutem und prädikativem Gebrauch gelegentlich selbst hinweist (Interpr. 21 a 25; Soph. El. 167 a 4): „Homer ist etwas, z. B. ein Dichter; *ist* er also auch, oder *ist* er *nicht* ?" Wenn er dann trotzdem Sein als Existenzaussage in seiner Zusammenstellung nicht eigens aufführt, muß das Gründe haben. Er könnte gemeint haben, diese Verwendung von Sein sei philosophisch von keiner Bedeutung. Möglich wäre aber auch, daß sie für ihn in einer der vier Verwendungsweisen impliziert war; wer das annimmt, könnte am ehesten an (4) denken; die Beispiele, mit denen Aristoteles das Verhältnis ‚möglich – wirklich' verdeutlicht, sind allerdings anders orientiert. Vielleicht sollte man daher erwägen, ob nicht für Aristoteles die Bedeutung ‚existieren' zu selbstverständlich und für alle anderen grundlegend gewesen sei, als daß er sie neben anderen möglichen als eine besondere hätte aufzählen wollen. Aber wie dem auch sei: Dort, wo Aristoteles die Verwendungsweisen analysiert, nennt er gerade jenen Gebrauch nicht, von dem wir zu meinen geneigt sind, er sei ganz besonders zu unterscheiden.

Andererseits – und das ist ebenso wichtig – führt Aristoteles auch eine Verwendungsweise auf, die wir von uns aus wohl kaum nennen würden: Sein als Wahrsein. Denn sicher können im Verlauf eines Gesprächs auch wir einen Satz bilden wie: „Fritz *ist* musikalisch"; und wir wollen damit sagen, daß Fritz, wie wir vorher schon einmal behauptet haben, wirklich musikalisch ist. Mit anderen Worten: Durch die Betonung von ‚ist' bringen wir zum Ausdruck, daß es mit der Behauptung ‚Fritz ist musikalisch' schon seine Richtigkeit hat, daß also die Behauptung wahr ist. Aber wir würden deshalb wohl doch zögern zu meinen, ‚ist' werde hier im Sinne von ‚ist wahr' gebraucht. Eher würden wir darauf verweisen, daß eine solche betonte Sprechweise keineswegs gerade und nur dem Wort ‚Sein' eigentümlich ist. Denn sogleich fallen uns Dialoge ein wie: „Dirigiert Karajan heute abend wirklich?" – „Karajan *dirigiert*". Oder: „Gilt unsere Abmachung noch?" – „Sie *gilt*." Mit anderen Worten: Wir können dadurch, daß wir das Prädikat einer Aussage, die von einem anderen in Frage gestellt wird, pointiert wiederholen, zum Ausdruck bringen, daß wir zu unserer alten Aussage (Zusage) stehen, daß wir sie weiterhin für wahr (oder gültig) halten. Deshalb aber würde doch niemand unter den möglichen Bedeutungen von ‚dirigieren' auch ‚wirklich dirigieren' aufführen wollen. Und nicht anders steht es in unseren Augen mit dem Wort ‚Sein'; daß wir auch dieses Wort pointiert verwenden können, bedeutet im Gegenteil nur, daß es keine Sonderrolle spielt. Wie aber kommt dann Aristoteles dazu, unter den möglichen Bedeutungen von ‚Sein' auch das ‚Wahrsein' anzuführen? Und diese Bedeutung noch dazu – wie es scheint (Metaph. 1051 b 1) – als die eigentliche und wichtigste zu bezeichnen?

Da man nicht gerne annehmen wird, Aristoteles habe übersehen, daß auch jedes andere Prädikat in der gekennzeichneten Weise pointiert verwendet werden kann, sehe ich nur zwei mögliche Erklärungen. Entweder setzt er stillschweigend voraus, daß jede verbale Aussage in eine mit ‚Sein' gebildete umgeformt werden kann (er dirigiert = er ist dirigierend). Zwar hat er auf diese Möglichkeit nicht dort, wo er über Sein als Wahrsein spricht, also nicht unter Nr. 3, sondern unter Nr. 2 hingewiesen; aber die Bemerkung (Metaph. 1017 a 27-30) geht in der Tat den Ausführungen zu Nr. 3 (Metaph. 1017 a 31 ff.) unmittelbar vorher. In diesem Fall – wenn also die mit ‚Sein' gebildete Aussage als die Grundform jeder anderen Satzform gilt; oder anders: wenn jede andere Satzform auf diese Grundform zurückgeführt werden kann – wäre allenfalls begreiflich, weshalb die pointierte Verwendung als für Sein und nur für Sein eigentümlich aufgeführt wird. Oder aber Aristoteles folgt, wenn er Wahrsein als eine mögliche Bedeutung von εἶναι ansieht, einfach normalem griechischen Sprachgebrauch; und wir stoßen hier überhaupt nur deshalb an, weil die deutsche Sprache allerdings eine entsprechende Verwendung des Wortes ‚Sein' nicht kennt.

In der Tat kann die griechische Sprache die Partizipialformen von εἶναι bekanntlich so verwenden, daß wir an solchen Stellen ‚wahr' oder aber ‚wirklich' übersetzen müssen. So sagt etwa ein Redner vor Gericht (Andokides 1,20), er sei gerettet worden, weil er τὰ ὄντα berichtet habe. Ob er dabei ‚die Wahrheit' oder aber ‚das wirkliche Geschehen' meint, können wir nicht entscheiden; und natürlich brauchen wir das hier auch nicht, denn von der Sache her ist die eine Übersetzung so gut wie die andere. Wahrheit und Wirklichkeit meinen in einem solchen Zusammenhang auch für unser Sprachgefühl dasselbe, nämlich die Verhältnisse oder Tatsachen so, wie sie wirklich sind bzw. waren. Und genau das meint eben auch der griechische Ausdruck τὰ ὄντα. Wollten wir ihn allerdings wörtlich wiedergeben, müßten wir ‚das Seiende' oder richtiger noch – um den Plural auszudrücken – ‚die seienden (Dinge, Verhältnisse usw.)' sagen; und eine solche Redeweise hat für uns doch etwas Künstliches und gehört im Grunde einzig in die philosophische Fachsprache. Im Griechischen dagegen handelt es sich um eine Wendung der Alltagssprache, der nichts Unnatürliches anhaftet. Für diese alltägliche Redeweise aber ist es offenbar charakteristisch, daß zwischen der sprachlichen Darstellung und dem, was an Dingen und Tatsachen dargestellt werden soll, nicht unterschieden wird. Nur so ist es ja verständlich, daß eine Darstellung, die τὰ ὄντα (die Dinge, wie sie sind) berichtet, ein ἐὼν λόγος (eine wahre Darstellung) genannt werden kann (Herodot I 95,1).

Damit nun stehen wir vor einer Eigentümlichkeit der griechischen Sprache, die doch wohl mehr ist als eine sprachliche Skurrilität. Denn die Ambivalenz der Partizipialformen von εἶναι hat, wie es scheint, ihre genaue Parallele in jenem Wahrheits- bzw. Evidenzbegriff, den wir oben (S. 90 ff.) erörtert haben und dessen Eigentümlichkeit darin besteht, daß zwischen der Evidenz als Wahrheit einer Darstellung und der Evidenz als Deutlichkeit von Dingen und Tatsachen nicht unterschieden wird. Die hier bei εἶναι und dort bei ἀλήθεια vorliegende undifferenzierte Redeweise ist Ausdruck einer vortheoretischen Einstellung, die zwischen Bezeichnung und Bezeichnetem, Sprachform und Sprachinhalt, zwischen Sprache und Dingen nicht oder noch nicht zu unterscheiden vermag. Daß die kritische Reflektion diese vortheoretische Einstellung – mancher würde lieber sagen: diese natürliche Einstellung – nur mühsam zu durchschauen vermocht hat, davon zeugen u. a. auch die von Platon unternommenen Versuche, den Ort der Wahrheit genauer zu bestimmen. Und wenn gerade Platon auch die Mehrdeutigkeit der Wendung τὰ ὄντα λέγειν (das ‚Seiende' sagen) und damit die eigentümliche Ambivalenz der Partizipialformen von εἶναι – nämlich ‚seiend' einerseits als Charakter dessen, worüber gesprochen wird, im Sinne von ‚wirklich seiend', und andererseits als Charakter der Rede im Sinne von ‚wahr seiend' – wiederholt zur Sprache gebracht hat (z. B. Crat. 385B.429D, Euthyd. 284A-C, Theaet. 188D, Soph. 237E-

238C. 240E. 260C. 263B), so ist auch darin der Versuch zu sehen, sich von den Fallstricken, die die Sprache hier gelegt hat, zu befreien oder sie jedenfalls als solche zu durchschauen.

Wenn Aristoteles daher als eine der möglichen Bedeutungen von εἶναι auch und gerade das ‚Wahrsein' anführt, so ist, wie wir jetzt sehen, eine solche Bestimmung nicht etwa die Folge einer bestimmten Wahrheitstheorie oder eines ontologischen Systems, sondern Aristoteles beschreibt damit einfach eine Redeweise, die in seiner Muttersprache üblich war, für die unsere Sprache jedoch kein Äquivalent bietet.

Zwischen dem erstmals von Aristoteles gemachten Versuch, die verschiedenen Verwendungsweisen des Wortes εἶναι zusammenzustellen und so seine Bedeutungen zu unterscheiden, und dem Lehrgedicht des Parmenides, in dem dieses Wort erstmals zum problematischen Gegenstand von Überlegungen gemacht worden war, liegen weit mehr als hundert Jahre. Offenbar war die Arbeit mehrerer Generationen erforderlich, bis die kritische Reflektion schließlich das notwendige Niveau erreicht hatte. Denn Bedingung für den Versuch des Aristoteles war allerdings, daß die Sprache wenigstens etwas von ihrer suggestiven Macht verloren hatte. Bevor nicht die sprachliche Mehrdeutigkeit als logisches und philosophisches Problem ersten Ranges erkannt und die für eine Analyse notwendigen Begriffe entwickelt waren, konnte gar nicht daran gedacht werden, ein so problematisches Wort wie εἶναι auf seine verschiedenen Verwendungsweisen hin zu befragen. Es ist für uns hier daher gar nicht entscheidend, ob dieses oder jenes an der Analyse des Aristoteles überzeugt. Viel wichtiger ist, wenn klar geworden ist, daß ein Wort, das erst Aristoteles in seinen verschiedenen Verwendungsweisen zu entfalten sucht, für Parmenides noch eine Einheit bildet.

Wenn daher jetzt versucht werden soll zu beschreiben, was Parmenides unter εἶναι versteht, so wird es gut sein, dabei weder moderne noch die von Aristoteles gegebenen Differenzierungen zum Ausgangspunkt zu nehmen. Wo Spätere differenzieren, dort impliziert für die Älteren die Einheit des Wortes die Einheit der Bedeutung; zwischen beidem wird noch gar nicht unterschieden. Auch dann also, wenn wir den Eindruck gewinnen sollten, Parmenides habe auf die eine oder andere Seite des Wortgebrauches mehr Wert gelegt als auf andere, werden wir doch daran festhalten, daß er nicht über diese oder jene Wortbedeutung, sondern hier und dort über ein und dasselbe Wort spricht.

Wer sprechen will, muß das Wort ‚Sein' benutzen; ein Versuch zeigt schnell, daß ohne dieses Wort ein Sprechen überhaupt nicht möglich ist. Diesem Zwang unterliegt auch, wer, wie Parmenides, über εἶναι sprechen will; denn auch wenn das Wort zum Gegenstand der Erörterung gemacht wird, bleibt es daneben Mittel der Darstellung.

In seinen verschiedenen Formen begegnet das Wort bei Parmenides 86 mal. Hinzu kommen 4 oder 5 Belege von πέλειν; dieses Wort hatte, abgesehen von wenigen Stellen, wo die Bedeutung ‚sich regen, sich bewegen' vorliegt, schon im homerischen Epos die Bedeutung ‚stattfinden, werden' angenommen und ist dort an vielen Stellen völlig gleichbedeutend mit εἶναι. Parmenides benutzt es aus metrischen Gründen als Synonym zu seinem Grundwort. Von der Gesamtzahl der Belege von εἶναι entfallen 3 auf das Proömium, 76 auf den ersten, 7 auf den zweiten Hauptteil. πέλειν begegnet nur im ersten Hauptteil.

Als Mittel der Darstellung dient εἶναι natürlich an allen Stellen des Proömiums und des zweiten Hauptteils; ferner an 47 Stellen des ersten Hauptteils; 29 mal ist es Thema der Darstellung (gelegentlich ist die Einordnung schwierig). Ähnlich steht es mit πέλειν; Mittel der Darstellung ist das Wort B 8,45 und wohl auch B 8,18; ferner, falls die Überlieferung richtig ist, B 8,19; Thema ist es B 6,8 und B 8,11.

An elf Stellen ist eine Form von εἶναι ausgelassen: B 1, 28.30; B 2,7; B 8,16.23.24.40.42; B 9,4; B 12,3; einmal sogar dort, wo das Wort Thema ist, bei der Formulierung der Grundalternative in B 8,11.

Die Art, in der das Wort als Mittel der Darstellung verwendet wird, entspricht den auch sonst üblichen Gebrauchsweisen. Wir geben einen vollständigen Überblick (wo das Wort in einem Vers mehrmals begegnet, wird gelegentlich die gemeinte Form genannt).

1) εἶναι bildet das Prädikat zusammen mit einem Adjektiv: B 5; B 8,3.9.18 (εἶναι). 22.24.25.27.32 (εἶναι).33.38 (ἔμμεναι).39.48; B 9,3. Ebenfalls hier eingeordnet sei das Partizip in B 8,57. Text und Verständnis von B 8,33 sind unsicher. – πέλειν B 8,45.

2) εἶναι bildet das Prädikat zusammen mit einem Substantiv: B 2,4.6 (vielleicht zu Nr. 1); B 6,9; B 8,18 (ἔστιν).38 (ἔσται); B 16,4.

3) εἶναι bildet das Prädikat zusammen mit einem Partizip: B 8,35.42.54.

4) εἶναι verbunden mit einer Ortsangabe im Sinne von ‚sich befinden': B 1,11.27; B 8,2 (ἔασι); im übertragenen Sinne B 8,15.

5) (οὐκ) εἶναι absolut im Sinne der Redewendung ‚es gibt (nicht)' (einige der hier genannten Stellen lassen sich auch im Sinne von ‚es ist (nicht) möglich' verstehen): B 2,2; B 6,1(ἔμμεναι und ἔστι).2; B 7,1; B 8,34.40 (doch vgl. B 6,8). 46. – πέλειν B 8,18.

6) (οὐκ) εἶναι im Sinne von ‚(nicht) möglich sein' (s. zu Nr. 5): B 2,2.3 (οὐκ ἔστι); B 6,1 (ἔστι). B 8,47 (οὐκ ἔστιν ὅπως).

7) εἶναι absolut mit Betonung des temporalen Aspekts (‚war, ist jetzt, wird sein'): B 8,5(ἦν, ἔσται, ἔστιν).20 (οὐκ ἔστι, ἔσεσθαι).36 (ἔστιν ἢ ἔσται); B 19,1 (auch unter Nr. 8). – πέλειν: B 8,19 (?).

8) εἶναι verbunden mit einer Modalbestimmung: B 1,32 (δοκίμως εἶναι); B 8,23 (μᾶλλόν ἐστιν sc.); B 8,47 (εἴη τῇ μᾶλλον τῇ δ' ἧσσον); B 19,1 (οὕτω ἔασι).

9) (οὐ) χρεών ἐστιν als Ausdruck der Notwendigkeit im Sinne von ‚es ist notwendig (ist verboten)': B 2,5; B 8,11. 45.54.

10) τὸ αὐτό ἐστιν als Ausdruck der Identität im Sinne von ‚ist dasselbe': B 3; B 8,34; B 16,3.

Wenn wir uns jetzt jenen Stellen zuwenden, an denen εἶναι Thema ist, so möchten wir nicht nur wissen, was Parmenides dort unter εἶναι versteht, sondern auch und vielleicht sogar in erster Linie, wie Parmenides denn überhaupt dazu gekommen ist, dieses scheinbar so unscheinbare Wort in den Mittelpunkt der Überlegungen zu rücken. Um auf beides eine Antwort zu finden, greifen wir solche Aussagen auf, die von Parmenides in ähnlicher Form mehrmals wiederholt werden oder aus einem anderen Grund als besonders wichtig gelten dürfen.

Da ist zunächst das Verhältnis von εἶναι und μὴ εἶναι, das insgesamt an sechs Stellen (B 2,3.5; B 6,1f.; B 6,8f.; B 8,11; B 8,16; B 8,40) zur Sprache gebracht wird (a). Da ist die Verbindung von εἶναι und νοεῖν (b). Da ist ferner die auffällige Zuordnung von ‚reden' und ‚erkennen', die insgesamt 7 mal begegnet und immer in irgendeiner Weise auf εἶναι oder μὴ εἶναι bezogen ist (c). Und da sind schließlich die 6 Prädikate des ἐόν (B 8,3f.), die in B 8 nach einander erläutert werden (d).

a) An den Anfang des ersten Hauptteils stellt Parmenides seine Grundalternative. Das ist auffällig. Hätte er nicht eigentlich mit seinem Grundbegriff beginnen und erst dann, wenn der Begriff geklärt war, aus ihm seine Grundalternative bilden sollen? Das wäre in der Tat zu erwarten, wenn der Ansatzpunkt seines Denkens der Grundbegriff εἶναι wäre. Doch genau das ist nicht der Fall. Der ursprüngliche Denkansatz ist die Grundalternative ἔστιν ἢ οὐκ ἔστιν. Aus ihr ist alles weitere entwickelt. Es ist daher nicht so, daß Parmenides mit Hilfe seines Grundbegriffs eine Alternative bildet, sondern das Erste und Entscheidende ist die Grundalternative, und aus ihr gewinnt er den Grundbegriff. Insofern ist die Reihenfolge –

erst Grundalternative, dann Grundbegriff – der genaue Ausdruck für den Denkzusammenhang.

Parmenides nennt seine Grundalternative an drei Stellen (eine weitere – B 6,1f. – sei S. 126 besprochen). Zu Beginn der Erörterungen entwickelt er sie ausführlich mit Hilfe des Wegbildes:

B 2,3 ἡ μὲν ὅπως ἔστιν τε καὶ ὡς οὐκ ἔστι μὴ εἶναι.
5 ἡ δ' ὡς οὐκ ἔστιν τε καὶ ὡς χρεών ἐστι μὴ εἶναι.

Dann im Laufe der Darstellung bringt er sie noch zweimal kurz und knapp in den zwei möglichen Grundformen:

B 8,11 οὕτως ἢ πάμπαν πελέναι χρεών ἐστιν ἢ οὐχί.
B 8,16 ἔστιν ἢ οὐκ ἔστιν.

Es gibt, so heißt es also, nur zwei Möglichkeiten; die eine lautet ‚es ist', die andere ‚es ist nicht'. Und beide Möglichkeiten stehen in kontradiktorischem Gegensatz. Müssen wir hier wirklich nach der Bedeutung von ‚ist' und ‚ist nicht' fragen? Wäre mit einer Antwort, gesetzt den Fall, es gäbe eine, irgend etwas für das Verständnis gewonnen? Offenbar nicht. Denn das entscheidende Charakteristikum des Satzes ἔστιν ἢ οὐκ ἔστιν liegt ja gerade darin, daß er evident ist unabhängig davon, welche der möglichen Bedeutungen das Wort εἶναι hier hat. Damit, daß wir ‚ist' und ‚ist nicht' hier etwa im Sinne der Existenzaussage auffassen oder im Sinne von ‚es ist möglich' und ‚es ist nicht möglich', oder auch im Sinne von ‚es ist wahr' und ‚es ist nicht wahr', ändert sich der Aussagewert in gar keiner Weise: Die Alternative als solche bleibt immer richtig und allgemeingültig. Denn die Evidenz des Satzes ἔστιν ἢ οὐκ ἔστιν beruht auf seiner formalen Struktur, nicht aber auf der so oder so zu bestimmenden Bedeutung von εἶναι. Und genau auf diese formale Struktur der alternativen Aussage hat es Parmenides abgesehen, eine Struktur, deren Eigenart offenbar darin besteht, daß es eine weitere Möglichkeit neben den zwei genannten nicht geben kann.

Mit anderen Worten: Parmenides hat die Bedeutung des ausschließenden ‚oder' und des kontradiktorischen Gegensatzes entdeckt. Und indem er beides – kontradiktorischen Gegensatz und ausschließendes ‚oder' – miteinander verbindet, entdeckt er den Satz vom ausgeschlossenen Dritten und damit die Grundlage jeder logischen Argumentation: es ist (so) oder es ist nicht (so); tertium non datur.

Es gibt, wie Parmenides sieht, nur diese zwei Möglichkeiten, von denen eine notwendigerweise wahr ist. Dann aber ist auch die ganze Aussage ἔστιν ἢ οὐκ ἔστιν notwendig wahr, denn das kontradiktorische Gegenteil – ,tertium datur' – ist eben unmöglich. Weil Parmenides diesen logischen Modus der Notwendigkeit durchaus erkannt hat, bezeichnet er dort, wo er die Alternative erstmals zur Sprache bringt, ihre beiden Seiten als die allein möglichen (B 2,2 μοῦναι); und ferner versieht er in B 2 die beiden Seiten, in B 8,11 aber die Alternative als ganze mit dem Kennzeichen der Notwendigkeit. Und schließlich zeigt er darüber hinaus, in welchen Widerspruch sich verwickelt, wer gegen seine Grundalternative verstößt:

B 6,8   οἷς τὸ πέλειν τε καὶ οὐκ εἶναι ταὐτὸν νενόμισται
κοὐ ταὐτόν, πάντων δὲ παλίντροπός ἐστι κέλευθος.

B 8,38   ..... τῷ πάντ' ὄνομ' ἔσται,
ὅσσα βροτοὶ κατέθεντο πεποιθότες εἶναι ἀληθῆ,
γίγνεσθαί τε καὶ ὄλλυσθαι, εἶναί τε καὶ οὐχί.

Der Fehler, den Parmenides in den üblichen Anschauungen der Menschen glaubt entdecken zu können, besteht formal gesehen darin, daß sie das Wesen des kontradiktorischen Gegensatzes nicht erkennen und daher zwischen zwei kontradiktorische Begriffe nicht das ausschließende ‚oder', sondern das verbindende ‚sowohl ... als auch' stellen.

Die Entdeckungen, die Parmenides gemacht hat – ausschließendes ‚oder'; kontradiktorischer Gegensatz; Satz vom ausgeschlossenen Dritten – sind rein formaler, logischer Natur. Hierin, in der Entdeckung einer logischen Sphäre, liegt seine epochemachende Leistung. Ist daher die Bedeutung von εἶναι im Rahmen der Grundalternative nicht von Belang, dann brauchen wir auch nicht zu fragen, an welche Bedeutung von εἶναι denn nun Parmenides gedacht haben mag. Jedenfalls brauchen wir so lange nicht danach zu fragen, als wir uns auf der logischen Ebene bewegen. Eine andere Frage ist allerdings, ob es Parmenides gelungen ist, den formalen Charakter seiner Grundalternative wirklich rein zu bewahren, oder ob der in ihr verwendete Begriff εἶναι im Zuge der Darstellung nicht doch einen bestimmteren Inhalt angenommen hat. Und offen ist ebenfalls noch die Frage, wie Parmenides zu seiner Entdeckung gekommen ist.

Was die letzte Frage angeht, so können wir, wenn ich recht sehe, nur Vermutungen äußern, die mehr oder weniger wahrscheinlich sind. Auszuschließen ist wohl die Annahme, Parmenides habe – ähnlich wie Aristoteles (oben S. 106) – gesehen, daß jede Aussage in eine mit ‚Sein' gebildete umgeformt werden kann; er hätte also in der Grundalternative ἔστιν ἢ οὐκ ἔστιν die sprachliche Grundform für jede kontradiktorische Alternative gesehen. Man könnte ferner darauf hinweisen, daß die Sprache natürlich auch vorher schon das ausschließende ‚oder' und kontradiktorische Formulierungen gekannt hat; Parmenides hätte also im Grunde nur geläufige Ausdrucksweisen der Umgangssprache aufgegriffen. Nun finden sich tatsächlich schon bei Homer einige alternative Formulierungen (B 238.300.349, K 445, α 268, δ 80.632, λ 493) und unter ihnen eine, die der Grundalternative besonders nahe kommt:

ω 263 ...., ἢ που ζώει τε καὶ ἔστιν
ἢ ἤδη τέθνηκε καὶ εἰν Ἀΐδαο δόμοισιν.

„Entweder lebt er und ‚ist' oder er gehört schon zu den Toten und ist im Hades." Die formale Nähe zu Parmenides ist leicht zu erkennen. Doch wer deshalb dem Gedanken nachgehen wollte, Parmenides habe seine Grundalternative aus Formulierungen wie den eben zitierten entwickelt, gibt im Grunde keinerlei Antwort auf unsere Frage. Denn sicher werden solche und ähnliche Formulierungen in der Alltagssprache immer wieder begegnen; aber der Hinweis auf die Tatsache, daß es vergleichbare Formulierungen gibt und gegeben hat, ist keine Begründung dafür, daß jemand diesen Aussagetyp auf einmal nun so wichtig nimmt.

Am wahrscheinlichsten scheint mir, daß die logische Entdeckung des Parmenides in Zusammenhang mit den erkenntniskritischen Überlegungen seiner Zeit zu sehen ist. Wer etwa die oben (S. 65 und 76-79) erwähnten Formulierungen des Xenophanes und Alkmaion recht bedachte, sah sich alsbald veranlaßt, der Bedeutung von Wörtern wie ‚Annahme‘ und ‚Anzeichen deuten‘ nachzudenken. Und fast mit Notwendigkeit stellte sich dann die Frage, wie denn eigentlich eine Erkenntnis und aus ihr resultierende Aussagen beschrieben werden müssen, die durch eben diese Begriffe charakterisiert sind. ‚Aus gewissen Symptomen schließe ich, daß der Abendstern der Morgenstern ist‘. ‚Gewisse Anzeichen deute ich so, daß ....‘: das ist offenbar die typische Form menschlicher Erkenntnis. Solange die Annahme nicht durch neue bisher nicht berücksichtigte Symptome oder aber durch eine neue Deutung der alten Symptome falsifiziert ist, bleibt sie in Geltung. Aber eben nur unter Vorbehalt: ‚Ich vermute, es ist so; aber es kann u. U. auch anders sein‘. Entweder also ist es so, wie ich sage, oder – falls es gewichtige Gegengründe gibt – es ist anders. Mit anderen Worten: Menschliches Wissen, das grundsätzlich nur auf der Deutung von Anzeichen beruht, steht eben damit auch grundsätzlich unter der Alternative ‚es ist so oder es ist nicht so‘.

Es bedurfte offenbar nur ganz weniger gedanklicher Schritte, um aus einer erkenntniskritischen Position, wie sie Alkmaion präzise formuliert hatte, die Grundalternative ἔστιν ἢ οὐκ ἔστιν zu entwickeln und damit den Satz vom ausgeschlossenen Dritten zu entdecken. Es ist, wie es scheint, die logische Leistung des Parmenides, daß er diese Schritte getan und damit jenseits aller Empirie den Zugang zu einer Sphäre gefunden hat, in der Evidenz als logische Evidenz für den Menschen möglich ist.

Verwicklungen aber begannen in dem Augenblick, als die Grundalternative gefunden war und sich nun weitere Überlegungen an sie anschlossen. Denn sicher ist die Richtigkeit des Satzes ἔστιν ἢ οὐκ ἔστιν unabhängig davon, welche der möglichen Bedeutungen von εἶναι in ihm gelten soll. Aber war der Satz erst einmal gefunden, so konnte es gar nicht ausbleiben, daß die beiden Begriffe ἔστιν und οὐκ ἔστιν das Interesse auf sich zogen und damit das Wort εἶναι in den Blickpunkt rückten. Aufgetreten war dieses Wort zwar einzig im Verband des logischen Grundsatzes ἔστιν ἢ οὐκ ἔστιν. Aber war es auf diese Weise erst einmal etabliert, konnte es nur allzu leicht aus dem Satz herausgelöst und zum Gegenstand eigener Überlegungen werden; und da konnte nun allerdings der oben skizzierte Reichtum seiner Verwendungsweisen und Bedeutungen außerordentlich folgenreich werden. Denn war es hinsichtlich der logischen Evidenz des Satzes gleichgültig, ob er im Sinne von ‚es ist wahr oder es ist nicht wahr', ‚es ist so oder es ist nicht so', oder auch im Sinne von ‚es existiert oder es existiert nicht', ‚es gibt oder es gibt nicht' verstanden wird, so lagen für das verselbständigte Wort εἶναι die Dinge natürlich ganz anders.

Im folgenden (b-d) werden nun Aussagen besprochen, mit denen Parmenides den aus der Grundalternative abstrahierten Grundbegriff näher zu bestimmen versucht.

b) Am bekanntesten und immer wieder diskutiert ist die Aussage, εἶναι sei identisch mit νοεῖν. Doch recht besehen ist die Definition so erstaunlich nicht, wie sie dem ersten Blick erscheinen mag. Denn νοεῖν meint, wie wir gesehen haben (oben S. 99ff.), primär nicht ‚denken' und schon gar nicht ‚ausdenken', sondern ‚erfassen, erkennen'. Wie es kein Sehen ohne Gesehenes gibt, wie in der optischen Wahrnehmung die Existenz dessen, was wahrgenommen wird, immer schon mitgegeben ist, ebenso verhält es sich beim νοεῖν: Der Akt des Erkennens ist nicht ohne Erkanntes. Die Existenz dessen, was in der geistigen Wahrnehmung erfaßt wird, ist im erkennenden Akt implizit gegeben; sie steht nicht in Frage, wird vielmehr vorausgesetzt und ist geradezu die Bedingung der Möglichkeit für den Erkenntnisakt.

Wenn aber der noetische Erkenntnisakt primär nicht die Existenz erfaßt, was erfaßt er dann? Er erfaßt – um mit schon bekannten Beispielen zu antworten – die Tatsache, daß das dort Aphrodite oder daß das hier eine gefährliche Lage ist. Mit anderen Worten: Indem die noetische Erkenntnis auf Fragen wie ‚Wer ist das dort? Was ist das hier? Wie ist das da?' antwortet, erfaßt sie etwas, das wir formalisiert etwa als ‚Der-oder-der-Sein, Das-oder-das-Sein, So-oder-so-sein' bezeichnen könnten. Erkannt werden – gegebenenfalls über Raum und Zeit hinweg – Gegebenheiten so, wie sie sind. Wenn Parmenides daher sagt, Erkennen und Sein seien dasselbe (B 3 τὸ γὰρ αὐτὸ νοεῖν ἐστίν τε καὶ εἶναι), so ist das für ihn keine Behauptung, die erst noch bewiesen werden müßte; der Satz ist aber auch nicht die Folge besonders eigenwilliger ontologischer Voraussetzungen, sondern er ist schlicht selbstverständlich. Denn er bringt lediglich zwei Wörter in eine Beziehung, die sie auf Grund ihrer Verwendungsweise immer schon zueinander hatten: Das νοεῖν als ‚Etwas-als-das-oder-das-Erkennen' korrespondiert dem εἶναι als dem ‚Das-oder-das-Sein'. Der rezeptive Akt ist gleichsam nur Spiegelbild, und insofern ist er identisch mit dem, was im Spiegelbild sich darstellt: Erkennen und das, weswegen es Erkennen gibt, sind identisch (B 8,34 ταὐτὸν δ' ἐστὶ νοεῖν τε καὶ οὕνεκεν ἔστι νόημα). Denn Erkennen ist immer Erkennen von Etwas; dieses Etwas aber ist das Weshalb des Erkennens (οὕνεκεν), ihr Grund, ihr Woraufhin. Und dieses Woraufhin, auf das jedes Erkennen immer schon bezogen und das in jedem Erkennen gegeben ist, ist das εἶναι, das So-oder-so-Sein.

Der νόος erfaßt Gegebenheiten so, wie sie sind, und er erfaßt sie über jene räumlichen und zeitlichen Grenzen hinweg, die dem sinnlichen Kontakt allerdings gesetzt sind. Der νόος erkennt nicht nur, sondern ‚vergegenwärtigt' auch; eine Redeweise, die unbedenklich ist, solange die temporale Metapher dazu dient, die Raum und Zeit überwindende Kraft des νόος zum Ausdruck zu bringen; und gerade diese Fähigkeit wertet Parmenides ja als besonders charakteristisch. Was aber vergegenwärtigt ist, von dem läßt sich sagen, daß es gegenwärtig ist. Und wenn der νόος frei ist von Beschränkungen durch Raum und Zeit, so scheint das – zumal bei dem strengen Korrespondenzverhältnis von νοεῖν und εἶναι – auch für εἶναι gelten zu müssen. Was als das oder das erkannt und vergegenwärtigt ist, gewinnt den Charakter des Gegenwärtigseins. Wie ‚vergegenwärtigen' ein Grundzug des νοεῖν, so ist ‚gegenwärtigsein' ein Grundzug des εἶναι.

c) Siebenmal begegnet im ersten Hauptteil eine Verbindung von Erkennen und Reden (B 2,7f. γνοίης + φράσαις; B 6,1 λέγειν + νοεῖν; B 8,8 φάσθαι + νοεῖν, φατόν + νοητόν; B 8,17 ἀνόητον + ἀνώνυμον; B 8,35f. πεφατισμένον + νοεῖν; B 8,50 λόγον + νόημα). Und für diese Zuordnung kann Parmenides gute Gründe anführen. Alles Erkennen ist, damit es als solches deutlich wird, auf den sprachlichen Ausdruck angewiesen; nur in der Rede kann Erkenntnis sich manifestieren. Reden aber ist immer Reden über etwas; dieses Etwas muß ich mir als so oder so Beschaffenes vergegenwärtigt haben. Reden setzt immer voraus, daß das, worüber geredet wird, gegenwärtig ist. Wie also der Akt des Erkennens nicht ohne Erkanntes ist, so der Akt des Redens nicht ohne Beredetes.

Die sieben genannten Stellen gliedern sich formal dadurch, daß die einen positiv, die anderen negativ formuliert sind. Die negativen Formulierungen lauten:

B 2,7 οὔτε γὰρ ἂν γνοίης τό γε μὴ ἐὸν – οὐ γὰρ ἀνυστόν – οὔτε φράσαις.

B 8,8 ..... οὐ γὰρ φατὸν οὐδὲ νοητόν / ἔστιν ὅπως οὐκ ἔστιν.

B 8,17 τὴν μὲν ἐᾶν ἀνόητον ἀνώνυμον.

In B 8,17 ist mit τήν jener ‚Weg' gemeint, der lautet ‚es ist nicht': Dieser Weg ist unerkannt und namenlos. In B 2,7 ist es das μὴ ἐόν, das man nicht erkennen und von dem man nicht reden kann. Beide Stellen bieten grammatisch keine Schwierigkeiten; wohl aber B 8,8: „Denn es ist nicht sagbar und nicht erkennbar, daß es nicht ist". Wie muß der Subjektsatz ‚daß es nicht ist' und namentlich ‚ist' verstanden werden, damit hier eine sinnvolle Aussage entsteht? Denn soviel ist ja wohl klar, daß Parmenides nicht etwa hat sagen wollen, man könne nicht sagen und nicht erkennen, daß etwas nicht so oder nicht wahr sei. Eine solche Auffassung verbietet sich nicht nur deshalb, weil sie der Sache nach abwegig ist, sondern auch, weil Parmenides sich auf diese Weise selbst widersprechen würde; denn wenn er polemisiert, so erkennt und sagt er ja damit, daß es so nicht ist wie andere meinen. Wenn er also das nicht gemeint haben kann, was hat er dann gemeint, als er sagte: es ist nicht sagbar und nicht erkennbar, daß es (oder etwas) nicht ist?

Nun bedeuten die Worte οὔτε ἂν γνοίης οὔτε φράσαις (B 2,7) sicherlich nichts anderes als das, was auch die Worte οὐ φατὸν οὐδὲ νοητόν (B 8,8) und die Worte ἀνόητον ἀνώνυμον (B 8,17) bedeuten; alle drei Formulierungen meinen die Unsagbarkeit und Unerkennbarkeit. Dann aber muß auch das, was dort jeweils als unsagbar und unerkennbar bezeichnet wird, ein und dasselbe sein. Es muß also gelten:

μὴ ἐόν = ὅπως οὐκ ἔστιν = ὁδὸς ὡς οὐκ ἔστιν.

Für B 2,7 und B 8,17 ist die sachliche Identität schon oben erläutert; daß jetzt B 8,8 hinzukommt, ist aus formalen Gründen leicht einzusehen. Grammatisch also haben wir die einfache Erscheinung, daß an die Stelle eines Substantivs, wie es in B 2,7 und B 8,17 vorliegt, ein Substantivsatz tritt, ohne daß sich der Inhalt dadurch irgendwie änderte (vgl. Kühner-Gerth II 354–58; Schwyzer II 645f.).

Demgegenüber lauten die positiven Formulierungen:

B 6,1   χρὴ τὸ λέγειν τε νοεῖν τ' ἐὸν ἔμμεναι.

B 8,35 οὐ γὰρ ἄνευ τοῦ ἐόντος, ἐν ᾧ πεφατισμένον ἐστίν,
εὑρήσεις τὸ νοεῖν.
B 8,50 ἐν τῷ σοι παύω πιστὸν λόγον ἠδὲ νόημα
ἀμφὶς ἀληθείης.

Wenn Parmenides am Schluß des ersten Hauptteils sagt: „Damit beende ich das, was ich mit Anspruch auf Richtigkeit vortragen kann und erkannt habe hinsichtlich der Evidenz" (B 8,50), so sind solche Worte ohne weiteres verständlich; sie könnten so oder ähnlich auch bei anderen Autoren stehen, und ihr parmenideischer Charakter wird überhaupt erst deutlich, wenn Evidenz im Sinne des Parmenides auf die Grundalternative und den Grundbegriff bezogen wird (dazu oben S. 98). Grammatisch verständlich ist ebenfalls die Aussage: „Notwendigerweise gibt es Reden und Erkennen von Seiendem" (B 6,1). Als schwierig dagegen ist immer die Formulierung von B 8,35 empfunden worden; genauer gesagt, was Schwierigkeiten macht, ist der Relativsatz ἐν ᾧ πεφατισμένον ἐστίν. Denn ohne ihn haben wir den Satz „Denn ohne Seiendes wirst du das Erkennen nicht finden"; und dieser Satz ist angesichts jener beiden Aussagen, die Sein und Erkennen als dasselbe bezeichnen (B 3; B 8,34), ohne weiteres verständlich. Für das Verständnis des problematischen Relativsatzes aber sehe ich keine andere Möglichkeit als anzunehmen, Parmenides habe hier sagen wollen, daß das Erkennen im Sein, d.h. mittels des Wortes ‚Sein' ausgesprochen wird. Wie wir wissen, fallen auf der vorreflexiven Stufe ‚heißen, genannt werden' und ‚sein' zusammen (H. Steinthal, Geschichte der Sprachwissenschaft bei den Griechen und Römern ²I, Berlin 1890, 5). Noch Aristoteles macht im Einklang mit der natürlichen Einstellung keine fundamentale Trennung zwischen Sprache und Dingen (hierzu W. Wieland, Die aristotelische Physik, Göttingen 1962, 145f.). Und eben dieser vorreflexiven Einstellung folgt Parmenides, wenn er ‚Sein', ‚Sprechen' und ‚Erkennen' so eng aufeinander bezieht, daß er formulieren kann: Erkennen wirst du nicht ohne Seiendes finden, mittels dessen es ausgesprochen ist. Denn Erkenntnis besagt: Es *ist* so oder es *ist nicht* so; oder: es *gibt* oder es *gibt nicht*.

Damit stehen wir vor einer klaren Zuordnung: ‚reden' und ‚erkennen' sind auf εἶναι bezogen, in der negierten Form aber auf μὴ εἶναι. Also gilt:

ἐόν ist Objekt für νοεῖν + λέγειν.
μὴ ἐόν aber ist ἀνόητον + ἀνώνυμον.

Die Grundalternative ἔστιν ἢ οὐκ ἔστιν ist neutral gegenüber der Frage, welche der für εἶναι möglichen Bedeutungen gelten soll. Aus ihr wird von Parmenides der Grundbegriff und der kontradiktorische Gegensatz herausgelöst und näher bestimmt. Der νόος erfaßt die Dinge, wie sie sind, und vergegenwärtigt sie über Raum und Zeit hinweg. Dem νοεῖν als ‚etwas-als-so-oder-so-erkennen und vergegenwärtigen' entspricht das εἶναι als ‚so-oder-so- und gegenwärtig sein'. Von hier aus kommt Parmenides zu seinen Formulierungen: εἶναι und νοεῖν, oder νοεῖν und das, weshalb es νόημα gibt, ist dasselbe; ohne εἶναι, mittels dessen es ausgesprochen ist, kein νοεῖν. εἶναι ist auf diese Weise einzig auf den νόος bezogen: wie es ist, erfaßt der νόος (nicht aber irgendeine sinnliche Wahrnehmung); gegenwärtig ist, was der νόος unbekümmert um Raum und Zeit vergegenwärtigt. εἶναι, so können wir auch sagen, ist durch den νόος definiert.

Ebenso aber auch das μὴ εἶναι. Denn der zu εἶναι kontradiktorische Gegensatz wird – nichts scheint näher zu liegen – durch kontradiktorische Aussagen bestimmt. μὴ ἐόν ist, was vom νόος nicht erfaßt ist; und was nicht erkannt und nicht vergegenwärtigt ist, was es nicht gibt, darüber kann ich nicht reden. μὴ ἐόν ist daher ἀνόητον und ἀνώνυμον.

Diese Bestimmungen ergeben sich wie von selbst. Und doch bewirken gerade sie, daß die Bedeutung von οὐκ ἔστιν – und mittelbar damit auch die von ἔστιν – entscheidend verändert bzw. eingeschränkt wird. Als Glied der Alternative war οὐκ ἔστιν bedeutungsneutral; ‚es ist nicht so', ‚es ist nicht wahr', ‚es ist nicht gegenwärtig', ‚es existiert nicht' und die jeweiligen Gegensätze waren mögliche Bedeutungen, durch die die Evidenz der Alternative als ganzer nicht tangiert wurde. Anders in dem Moment, da οὐκ ἔστιν aus der Alternative herausgelöst und als μὴ ἐόν durch ἀνόητον und ἀνώνυμον definiert wird. Denn da ἀνόητον nicht als ‚falsch erkannt', sondern als ‚unerkannt' oder auch ‚unerkennbar', und ἀνώνυμον als ‚namenlos', nicht aber als ‚mit falschem Namen versehen' verstanden werden, ist das μὴ ἐόν nicht mehr das ‚nicht so (aber eben anders) Seiende', sondern als das nicht Erfaßte und nicht Vergegenwärtigte ist es das nicht Gegenwärtige im Sinne des nicht Existierenden.

Mit anderen Worten: ‚Es ist nicht (so)' als Teil der kontradiktorischen Grundalternative *konnte* bedeuten: ‚es ist anders'. Herausgelöst aber und durch οὔτε ἂν γνοίης οὔτε φράσαις oder durch ἀνόητον und ἀνώνυμον erläutert, tendiert ‚es ist nicht' zur Bedeutung ‚es ist nicht gegenwärtig'. Und da die Alternative ‚es ist gegenwärtig oder nicht gegenwärtig' den Charakter der Ausschließlichkeit hat – da sie also nach Parmenides nicht etwa so verstanden werden darf: es ist zwar nicht gegenwärtig, aber es ist deshalb doch oder könnte jedenfalls sein –, steht nun unversehens in ihr die Existenz zur Debatte. So kann dann auch das ἐόν nicht mehr bedeutungsneutral bleiben, kann z. B. nicht als das, wie es wirklich ist – vgl. die Redewendung τὰ ὄντα λέγειν ‚die Wahrheit sagen' –, verstanden werden, sondern tendiert primär auf die Bedeutung ‚das wirklich Existierende'; denn das μὴ ἐόν war eben nicht mehr ‚das (zwar) nicht (so, aber anders) Seiende', sondern es war zum schlechthin Nicht-Seienden geworden. Womit andererseits aber nur noch einmal der rezeptive Charakter des νοεῖν und die Identität von νοεῖν und εἶναι bestätigt werden: Wenn νοεῖν ein – über räumliche und zeitliche Grenzen hinweg – vergegenwärtigendes Schauen ist und wenn νοεῖν und εἶναι so aufeinander bezogen sind, daß sie sich wechselseitig bedingen, dann wird eben im vergegenwärtigenden Akt des Erkennens erfaßt, ‚was es (für den νόος) gibt‘, unerkannt (ἀνόητον) und namenlos (ἀνώνυμον) aber ist, ‚was es (für den νόος) nicht gibt‘.

Was besonders deutlich wird in B 6,1: ἔστι γὰρ εἶναι, μηδὲν δ' οὐκ ἔστιν, ‚es gibt Sein, Nichts aber gibt es nicht‘. Wer, wie hier Parmenides, μηδέν zum Gegensatz von εἶναι macht, denkt offensichtlich nicht an einen Gegensatz wie ‚so oder nicht so‘, ‚wahr oder nicht wahr‘, sondern er denkt ‚gegenwärtig oder nicht gegenwärtig‘ und versteht diese Alternative in absolutem Sinne als ‚Sein oder Nichtsein, Sein oder Nichts‘. Das Nichts ist in der Tat unerkennbar und namenlos: man kann es nicht vergegenwärtigen und zum Gegenstand der Rede machen; denn vergegenwärtigt wäre es schon etwas und nicht mehr Nichts.

d) „Die Erde ist kugelförmig"; „die Erde ist eingeteilt in verschieden temperierte Zonen"; „der Abendstern ist der Morgenstern"; „der Mond empfängt sein Licht von der Sonne"; „alles in der Welt entsteht aus bestimmten Grundsubstanzen"; „in der embryonalen Phase entstehen die Knaben rechts, die Mädchen links". In solchen und ähnlichen Aussagen werden Phänomene charakterisiert und gedeutet, auf ihren Grund hin angesprochen, auf ein in ihnen Regelmäßiges zurückgeführt. Was dabei intendiert wird, ist offenbar etwas, das – unabhängig von den konkreten Phänomenen – dem Prozeß des Entstehens und Vergehens, des Wandels und der Entwicklung entzogen bleibt: Aussagen dieser Art meinen Sachverhalte, bei denen von Anfang und Ende zu reden nicht sinnvoll wäre.

Haben Phänomene eine Deutung gefunden, kann der ihnen zugrundeliegende Sachverhalt sprachlich dargestellt werden. Für die sprachliche Darstellung solcher Sachverhalte ist normalerweise die präsentische Formulierung charakteristisch; deutende Aussagen wie die oben zitierten implizieren die zeitlose Behauptung ‚es ist so‘ (vgl. hierzu auch εἶναι als ‚wahrsein‘; oben S. 107-111). Natürlich kann die präsentisch formulierte Aussage falsch sein, sie unterliegt also der zeitlosen Alternative ‚es ist (so) oder es ist nicht (so)'. Aber daß die präsentische Aussage nicht nur in der Gegenwart gelten will, ist offenkundig. Indem der Erkenntnisakt von der Vielfalt der Phänomene abstrahiert und in ihnen etwas Allgemeineres ‚sieht', erfaßt und vergegenwärtigt er etwas, das der Intention nach dem Fluß des Geschehens entzogen, gleichsam zeitlos gegenwärtig und gültig ist.

Ähnliches hatte schon Hesiod im Auge gehabt, als er in seiner Theogonie die Gesamtheit aller Kräfte und Mächte darzustellen suchte, die in der Welt als wirkend erfahren werden. Sofern die Götter des Kultes und des Mythos, die sichtbaren Erscheinungen des Wassers, der Berge und Gestirne und schließlich Mächte wie Krieg und Schlaf, Tod und Hunger sich jedenfalls darin nicht voneinander unterscheiden, daß sie alle in der einen oder anderen Weise das Menschenleben bestimmen, werden sie von Hesiod als göttlich empfunden und in die Genealogie der „ewigen Götter" eingefügt. Während aber ein wesentlicher Aspekt des genealogischen Schemas die zeitliche Abfolge ist, versucht Hesiod dieses Schema sachlichen und logischen Zwecken dienstbar zu machen, den zeitlichen Aspekt aber zu vernachlässigen. Für ihn ist die Genealogie eine Denk- und Darstellungsform, die es ihm ermöglicht, das Allgemeine als das Frühere, das Spezielle als das Spätere zu vor stehen und so beide in das angemessene logische Verhältnis zueinander zu bringen, wie auch das Ähnliche und Verschiedene, das Nützliche und das Schädliche mittels der Stellung, die ihnen im Stemma zugewiesen wird, zu unterscheiden und eines aus dem andern zu entfalten. So wird das Nacheinander der genealogischen Folge primär nicht temporal, sondern sachlich-logisch verstanden. Zur Sprache kommen die Mächte, die die Welt bestimmen, als „das Geschlecht der immer seienden Götter" (Theog. 33 μακάρων γένος αἰὲν ἐόντων; vgl. 105); und diese göttlichen Mächte, obwohl alle entsprechend ihrem Platz im Stemma zu einer bestimmten Zeit geboren, heißen gemäß der mythischen Redeweise nicht nur die „immer seienden", sondern sie sind auch „das, was da ist, sein wird und war" (Theog. 38 τά τ' ἐόντα τά τ' ἐσσόμενα πρό τ' ἐόντα; vgl. 32). Gerade mit dieser Temporalformel, die Hesiod von Homer (A 70) übernimmt und neu interpretiert, sucht er zum Ausdruck zu bringen, daß die Kräfte, Mächte oder Prinzipien, die er als wirkend erkannt hat und darstellt, durch alle Zeiten hindurch identisch und ewig gegenwärtig sind.

Die Mächte, durch die Welt und Menschen bestimmt werden, waren für Hesiod τά τ' ἐόντα τά τ' ἐσσόμενα πρό τ' ἐόντα, sie waren der Zeit gleichsam entrückt. Als zweihundert Jahre später Parmenides den Versuch, die Welt zu erklären, wiederholt, sieht er nicht nur, daß alle diesbezüglichen Erkenntnisse und Aussagen unter der zeitlosen Alternative ἔστιν ἢ οὐκ ἔστιν stehen, sondern ihm wird auch klar, daß alle diesbezüglichen Aussagen die Behauptung ‚es ist so' implizieren und daß mit diesem ‚es ist so' ein Sein gemeint ist, das nicht unter die zeitliche Kategorie fällt. Wie jede andere Erscheinung am Himmel kann ich den Abendstern jeden Abend, den Morgenstern jeden Morgen neu und anders sehen; die Tatsache dagegen, die ich meine, wenn ich sage „Der Abendstern ist der Morgenstern", ist unabhängig von jeder Konkretisierung in einer jeweils neuen abendlichen und morgendlichen Erscheinung. Es ist (so) oder es ist nicht (so); dieser Satz ist evident. Und wenn es (so) ist, dann ist, wie Parmenides sieht, ein Seiendes gemeint, das ohne Anfang und Ende, ohne Differenzierung, einzig, bewegungslos und in sich vollendet ist (B 8,3f. ἀγένητον ἐὸν καὶ ἀνώλεθρόν ἐστιν, οὖλον μουνογενές τε καὶ ἀτρεμὲς ἠδ' ἀτέλεστον). Das in diesem Sinne Seiende, in sich vollendet und begrenzt, gleicht einer ausbalancierten, im Gleichgewicht schwebenden Kugel; es ist wie sie ‚definiert' (s. unten S. 175 ff.).

— • —

In der Grundalternative hatte Parmenides die Sphäre der Logik (ausschließendes ‚oder', kontradiktorischer Gegensatz, Satz vom ausgeschlossenen Dritten) und damit ein Gebiet entdeckt, auf dem Evidenz für den Menschen möglich ist. Ausgehend von dieser Grundalternative findet er in dem Bestreben, sie und ihre Komponenten ἔστιν und οὐκ ἔστιν genauer zu beschreiben, in dem Wort εἶναι den Grundbegriff eines zeitlosen, idealen Seins. Bei dem Versuch, diesen Begriff weiter zu explizieren, sieht Parmenides, daß von der mit ihm erschlossenen Sphäre kein Weg zu jener Welt führt, in der es Werden und Veränderung gibt (13 ist eine Primzahl – oder ist keine Primzahl. Der Morgenstern ist der Abendstern – oder ist nicht der Abendstern. Mag jeweils das eine oder das andere richtig sein: Für Werden und Veränderung ist hier jedenfalls kein Raum). Der Bereich des logischen und idealen Seins ist, wie Parmenides sieht, eine Welt sui generis. Dieses zeitlose Sein versucht er zu beschreiben. Und wenn er dabei nicht gleich jeden Fehler vermieden und jede Verwicklung durchschaut hat – (zu denken ist besonders an die Bedeutungsvielfalt des aus der Grundalternative herausgelösten Wortes εἶναι; das Verhältnis von εἶναι ‚(gegenwärtig) sein' und ἀληθής ‚evident'; den Gegensatz von εἶναι ‚Sein' und μηδέν ‚Nichts') –, so ist das ein Schicksal, mit dem Parmenides unter den Denkern der europäischen Philosophiegeschichte nicht allein steht.

KOMMENTAR

B 1

Textkritik. Sextus gibt die Verse B 1, 1-30 + B 7,2-7 als fortlaufenden Text. Dieser Text – hinter Vers 30 ergänzt um die zwei wichtigen durch Simplikios bezeugten Verse – galt daher früher als Fragment 1 Vers 1-38; erst von Reinhardt sind die Verhältnisse geklärt worden. Da der Zusammenhang B 7,1-7 durch andere Zeugen gesichert ist (s. unten S. 152 zu B 7), muß der Text des Sextus nicht nur um die Verse 31 und 32, sondern an eben dieser Stelle noch um einen weiteren Vers ergänzt werden. Nun wäre an und für sich durchaus denkbar, daß in der Sextus-Überlieferung an einer Stelle drei Verse ausgefallen sind. Aber dem so konstituierten Text (B 1,1-32 + B 7,1-7) fehlt der Zusammenhang; denn daß die Verse, die wir heute als B 7,1ff. zählen, unmittelbar an B 1,32 anschließen könnten, ist von ihrem Inhalt her völlig ausgeschlossen. Hinzu kommt, daß B 7 und B 8 unmittelbar zusammenhängen. Wer also doch mit irgendwelchen Gründen die von Sextus gebotene Versfolge halten und jene Versgruppen, die wir heute als B 1, B 7 und B 8 zählen, unmittelbar aufeinanderfolgen lassen wollte, erhält einen Text, der jedenfalls für die Fragmente B 2, B 3 und B 6, die sicher in den ersten Hauptteil gehören, keinen Platz mehr hat: Denn am Schluß von B 8 befinden wir uns schon im zweiten Hauptteil. Aus mehreren Gründen also muß der im heutigen Sextus-Text stehende Zusammenhang aufgegeben werden. Offenbar hat irgendwann einmal jemand unter thematischem Gesichtspunkt verschiedene Abschnitte des Lehrgedichts zusammengestellt, ohne damit einen Zusammenhang vortäuschen zu wollen. Erst Spätere haben dann diese zusammengestellten Zitate als zusammenhängenden Text mißverstanden. Eben diesen Zustand repräsentiert für uns Sextus. – Im einzelnen läßt sich der Text mit Hilfe der nicht sehr sorgfältigen, aber von schweren Fehlern freien Handschriften sicher herstellen. Kleinere Fehler (Vers 6.10.14.20.) sind von Früheren korrigiert. Ein Wort verlangen nur die Varianten in den Versen 29 und 32.

In Vers 29 kann allein εὐπειθέος richtig sein. Nur so enthält die Ankündigung des Themas den richtigen Gegensatz: auf der einen Seite befindet sich Evidenz und dementsprechend Überzeugung, auf der anderen Seite nur Eindrücke und Meinungen ohne evidenten Beweis (ἀληθείης εὐπειθέος – πίστις ἀληθής). Dafür, daß für Parmenides Evidenz und Überzeugung zusammengehören, s. ferner B 2,4 und B 8,50f. Demgegenüber ist ein Genitiv εὐκυκλέος schon sprachlich unmöglich; denn ein Wort εὐκυκλής gibt es nicht. Möglich sind nur Bildungen wie ἔγκυκλος, ἡμίκυκλος und ἐγκύκλιος, ἡμικύκλιος; entsprechend also εὔκυκλος und εὐκύκλιος. Nun vergleicht Parmenides sein εἶναι einer wohlgerundeten Kugel (B 8,43) und benutzt dabei εὔκυκλος. Wer sich an diesen Vergleich erinnerte, konnte meinen, daß dann auch die dem εἶναι zugeordnete ἀλήθεια als wohlgerundet gelten könne. Aus dieser Bemerkung εὐκύκλιος, die er sich zu B 1,29 an den Rand notierte (heute im Text von cod. A.), wurde dann von einem Späteren für den Text der unkorrekte Genitiv. εὐφεγγέος schließlich stammt von einem Neuplatoniker, der den Ausdruck ‚leuchtende Wahrheit' zumal im Rahmen der Lichtsymbolik des Proömiums passender fand. – Zur Problematik des letzten Wortes in Vers 32 s. unten S. 138f.

Erläuterungen. ‚Singe den Zorn, o Göttin, des Peleiaden Achilleus', so beginnt die Ilias; ‚Nenne mir, Muse, den

Mann, den vielgewandten' lauten die ersten Worte der Odyssee; und einen ähnlichen Anfang wählt, wie wir oben (S. 63f.) gesehen haben, Hesiod für seine Theogonie. Was sich in dieser Form des Beginnens ausspricht, ist mehr als eine bloße Form, es ist das Selbstverständnis der frühen griechischen Epiker, die ihre Erzählung nicht als eigene Leistung oder gar eigene Erfindung, sondern als Gabe der Musen angesehen wissen wollen. Der eigentliche Erzähler ist die Göttin, und der Sänger hat nur die Rolle eines Vermittlers: er referiert, was die Muse (ihm) sagt.

Die Neigung, eigene Leistung auf einen außersubjektiven Grund zurückzuführen, ist in der Frühzeit nicht auf den Bereich der Poesie beschränkt. Solange ein Bewußtsein individueller Leistung noch nicht entwickelt ist, sucht man eigenes Tun durch die Annahme zu legitimieren, ein Gott habe eingegriffen. Wo wir daher von geistiger Spontaneität sprechen, die aus der Tiefe der Seele heraus von sich aus Ziele setzt, Entscheidungen trifft, Gedanken entwickelt, die u. U. mit überlieferten Anschauungen brechen, sprechen frühe Zeiten davon, ein Gott habe einen Rat erteilt oder Gedanken nahegelegt. Das Persönliche, das aus dem traditionellen Rahmen fällt, ist anders noch nicht begreifbar. Der Geist als eine Größe eigener Art, die ihre Energie aus sich selbst schöpft, ist noch nicht entdeckt. Gerade in einem unerwarteten Einfall, in einer neuen Einsicht, die bisher ungeahnte Bahnen eröffnet, wird die Stimme eines Gottes gehört. Und je mehr man – wie etwa Hesiod – von der Richtigkeit dessen, was man zu sagen hat, überzeugt ist, um so stärker ist das Empfinden, nicht in eigener Autorität zu reden, sondern beauftragt zu sein.

Dieses für frühe Zeiten typische Selbstverständnis ist nun allerdings nicht so absonderlich, wie man gelegentlich zu glauben scheint. Wir haben vielmehr durchaus die Möglichkeit, eine solche Selbstauffassung zu verstehen, sie ist uns im Grunde keineswegs fremd. Zwar reden wir heute nicht davon, Athene sei zu uns gekommen und habe gesagt ...... Aber jeder kennt Redewendungen, die der Sache nach vergleichbar sind: „Wie eine Erleuchtung kam es über mich". „Der Gedanke hat mich nicht mehr verlassen". „Ich wurde von der Erkenntnis überwältigt". Hier spricht offenbar das richtige Empfinden, daß wir unsere Gedanken nicht so in der Hand haben, wie wir bisweilen gerne möchten, daß wir vielmehr auf sie warten müssen. Ein Gedanke kommt nach Nietzsche bekanntlich nicht wann ich will, sondern wann er will. Und daß wir auf ‚Einfälle' angewiesen sind, wissen wir alle.

Wer sich solche und ähnliche Redeweisen vergegenwärtigt und daran denkt, daß wir uns auf geistigem Gebiet ohne Metaphern kaum ausdrücken können, für den verlieren die Proömien der frühgriechischen Epiker den Charakter einer skurrilen Archaik; er sieht in ihnen statt dessen den verständlichen Versuch, im sprachlichen Ausdruck etwas Gestalt und dadurch begreiflich werden zu lassen, wo wir unanschauliche Formulierungen vorziehen und daher von Begabung und einem geistigen Schaffensprozeß sprechen.

Im Rahmen eines zu plastischem Ausdruck drängenden Selbstverständnisses lag es auch für Parmenides nahe, seine Einsichten nicht als eigenes Produkt, sondern als Gehalt einer Offenbarung zu verstehen. Als erster hatte er das Gebiet logischer Evidenz betreten und damit eine überwältigende Entdeckung gemacht. So sieht er sich emporgetragen in außermenschliche Sphären, wo eine Göttin ihm jene Gedanken vorträgt, die er in seinem Gedicht referiert. Die Frage, ob nun also Himmelsreise und Offenbarung real und objektiv seien, will zwar unter Philologen nicht verstummen, ist aber deshalb doch völlig abwegig. Real ist allerdings das beherrschende Gefühl, daß ihm eine epochemachende Entdeckung gelungen ist. Und wenn wir statt dessen und im Sinne des Parmenides sagen, diese Entdeckung sei ihm zuteil geworden, dann treffen wir genau jenes Empfinden, aus dem heraus Parmenides mittels konventioneller Motive die Metaphorik seiner Himmelsreise entwickelt hat.

Was er zum Ausdruck bringen wollte, war sein Durchbruch zu einer bis dahin ungeahnten Erkenntnis und sein Gefühl, daß ihm diese Erkenntnis zuteil geworden sei. Beides sucht er in das Bild einer Himmelsreise zu einer offenbarenden Göttin zu fassen, die so namenlos bleibt wie die Göttin im ersten Vers der Ilias. Ob er dabei die Absicht hatte, im Proömium ein Bild zu entwerfen so, daß die einzelnen Etappen sich zu einer überschaubaren Reise zusammenfügen, erscheint fraglich; nicht fraglich ist, daß es ihm, sollte er die Absicht gehabt haben, nicht gelungen ist. Weder können wir erkennen, ob die Fahrt auf der Sonnenbahn von Osten nach Westen, oder aber in eine andere Richtung verlief; noch wissen wir, wo Parmenides sich das Tor der Bahnen von Nacht und Tag gedacht hat, durch das er hindurch fährt. Verständlich sind einzelne Etappen, oder richtiger noch: einzelne Ausdruckselemente; die Schilderung als Ganzes bleibt merkwürdig undeutlich. Eine reale Anschauung will sich aus den verschiedenen Metaphern nicht ergeben.

Wenn Parmenides den Aufbruch seines Denkens als Fahrt gestaltet und dieses Bild ausführt, so hat das zeitgenössische Parallelen: Pindar Ol. 6,22-27; Orph. fr. 78; vgl.auch Hesiod Op. 658f.

1-10. Nachdem Parmenides auf die rechte Bahn, den Weg der Göttin (Vers 2/3, dazu Vers 26/27), gekommen ist, geht die Fahrt so weit er will (Vers 1). Und doch ist nicht er der eigentliche Herr der Fahrt, die Führung liegt bei den Töchtern der Sonne (Vers 5 und 9). Die denkende Erkenntnis, einmal in Gang gesetzt, folgt einer eigenen Bahn und gewinnt Selbständigkeit gegenüber der Person, der sie zuteil wird.

πολύφημος: der richtige Weg bringt die entscheidenden Informationen. – κατὰ πάντ' ἄστη: die schwierigen Worte werden entsprechend dem Anfang der Odyssee zu verstehen sein (der programmatische Vers 3 der Odyssee hat auch auf Herodot I 5,3 gewirkt: ὁμοίως σμικρὰ καὶ μεγάλα ἄστεα ἀνθρώπων ἐπεξιών); Odysseus als der Typ des erfahrenen Mannes hat ‚vieler Menschen Städte' gesehen: auch Parmenides ist der Wissende (εἰδότα φῶτα), und ihn führt der informationsreiche Weg durch ‚alle Städte'. Die Intensität des Denkens und die Bedeutung der Erkenntnis werden durch die Quantität zum Ausdruck gebracht: der Wissende ist der, der ‚viel' gesehen hat; vgl. auch πολύ in πολύφημος (Vers 2) und πολύφραστος (Vers 4). – δώματα νυκτός: die Heliaden verlassen das Dunkel und nehmen den Schleier ab; die symbolische Aussage ist verständlich, auch wenn niemand weiß, wo das Haus der Nacht ist.

11-21. Die Fahrt führt vor ein Tor, dessen Bau und sichernde Mechanik sorgfältig beschrieben werden. Hier verlaufen die Bahnen von Nacht und Tag, die sich jeder willkürlichen Beeinflussung entziehen. Die Göttin Dike, die als Macht der natürlichen Richtigkeit und Notwendigkeit das Tor hütet, reagiert empfindlich auf jede Verletzung der moralischen (Hes. Op. 252-62) und kosmologischen (Anaximander VS 12 B 1) Ordnungen; für die Unabänderlichkeit der Sonnenbahn bürgt sie auch bei Heraklit: „Denn die Sonne wird nicht ihre Maße überschreiten – oder die Erinyen, die Schergen der Dike, werden sie finden" (VS 22 B 94. Die Verbindung von Dike und Erinys auch bei Aischylos Eum. 511f.; Sophokles Aias 1390, Trach. 808). Das Tor von Nacht und Tag ist am Rande von Natur und Menschenwelt, hier kann niemand ausbrechen; und durch ein solches Tor kommt nur, wer – wie Parmenides – übernatürlicher Leitung folgt.

ἔνθα: Hesiod hatte von einem Ort gesprochen, „wo Nacht und Tag einander nahekommen und die Schwelle überschreiten; einer kommt herein, der andere geht hinaus, niemals aber sind beide zusammen im Hause" (Th. 748-57). Aus diesem Bild übernimmt Parmenides das Tor, durch das die Bahnen von Nacht und Tag gehen. Solche Orte liegen außerhalb der empirischen Welt und lassen sich nicht lokalisieren. – Δίκη πολύποινος: Dike als Recht und Richtigkeit ahndet jeden Verstoß gegen die natürlichen Bahnen. Der Ausdruck δ. π. hat eine orphische Parallele; die Verbindung von Orpheus und Dike wird durch Unterweltsdarstellungen auf Apulischen Vasen für die 2. Hälfte des 4. Jahrhunderts bezeugt (F. W. Hamdorf, Griechische Kultpersonifikationen der vorhellenistischen Zeit, Mainz 1964, 52 und 110 Nr. 432a-d). – κληῖδας ἀμοιβούς: die Schlüssel führt Dike als Hüterin des Tores; Beeinflussung durch ein orphisches Motiv (Orph. fr. 316) braucht man deshalb nicht anzunehmen. ‚Wechselnd' heißen die Schlüssel, weil sie ein- und auslassen; formuliert wohl nach Hes. Th. 749 ἀμειβόμεναι μέγαν οὐδόν.

22-32. Hinter dem Tor, außerhalb des Bereiches aller natürlichen Erfahrung, wird Parmenides von einer Göttin empfangen, die ihn zunächst daran erinnert, daß er nicht aus eigener Kraft zu ihr gefunden habe. Alsdann nennt sie zwei Themen, über die sie ihn unterrichten will; hören werde er vom Wesen der Evidenz und ferner von dem, was unter den Menschen in Geltung ist; dessen Richtigkeit läßt sich zwar nicht beweisen (oben S. 76 ff.), doch sollen die Phänomene jedenfalls beschrieben werden, und es läßt sich auch erklären, weshalb sie gerade so sind, wie sie sind.

θεά: Die offenbarende Göttin bleibt so namenlos wie ihre Schwester im ersten Vers der Ilias. – θέμις τε δίκη τε: Die beiden Wörter bezeichnen nicht unsere abstrakten Begriffe ‚Ordnung' und ‚Recht', sondern die gebührende Ordnung und das persönliche Recht, das jemand der Situation oder der Sache nach beanspruchen kann (K. Latte, Kl. Schr., München 1968, 233ff.); gemeint ist das der Sache nach Richtige und Notwendige, das ‚logisch' Zwangsläufige. Die Göttin Dike hat für Parmenides das entscheidende Tor geöffnet; und θέμις und δίκη haben ihn auf den rechten Weg gebracht (die beiden Wörter sind verbunden schon ι 215, Hes. Th. 85f. 901f., Op. 9.221): Wie jedoch im Rahmen der vorliegenden Schilderung Δίκη und δίκη zueinander stehen sollen, bleibt unklar. Parmenides hat die logische Richtigkeit und den Zwang, der von ihr ausgeht, entdeckt. Diese Mächte beherrschen sein Denken, in ihnen hat er den Zugang zu einem Bereich jenseits aller immer nur zufälligen Erfahrung gefunden; und so nimmt die zwingende Kraft logischer Argumentation die Gestalt jener Begriffe an, die auch sonst das den Umständen nach Angebrachte und Richtige bedeuten. – ἀληθείης εὐπειθέος: Evidenz hat die wesentliche Eigenschaft, zu überzeugen; wo Evidenz ist, dort ist auch Überzeugung. Vgl. πειθώ und ἀλήθεια in B 2,4. Zur Bedeutung s. oben S. 90ff. – ἀτρεμὲς ἦτορ: Die metaphorische Verwendung von ἦτορ ist schon altepisch. ‚Unerschütterlich' ist das Herz der Evidenz, weil, was einmal als logisch stringent erkannt ist, durch keine Macht der Welt umgestoßen und außer Kraft gesetzt werden kann. – βροτῶν δόξας: Die δόξαι βροτῶν sind als Titel des zweiten Hauptteils (B 1,30 = B 8,51) identisch mit dem διάκοσμος ἐοικώς (B 8,60), der ‚wahrscheinlichen Welteinrichtung'. Gemeint sind also nicht ‚menschliche Meinungen' im Sinne von Urteilen, deren Unangemessenheit in der menschlichen Natur bedingt ist, sondern ‚Eindrücke', die die Menschen zwar haben, die aber von den empirischen Dingen ausgehen. Nicht um menschliche Irrtümer zu referieren, sondern um die Welt zu beschreiben und verständlich zu machen, will die Göttin auch eine Kosmologie vortragen; doch weiß sie – und sie weist ausdrücklich darauf hin –, daß dieses Thema grundsätzlich nur Vermutungen und Wahrscheinlichkeitsaussagen erlaubt, weil hier von der Sache her evidente Beweise (πίστις ἀληθής) unmöglich sind. In ἀλήθεια als Titel des ersten Hauptteils (B 2,1 - B 8,49) und δόξαι βροτῶν als Titel des zweiten (B 8,53 - B 19) stehen sich daher nicht Wahrheit und Irrtum gegenüber; sondern gegenüber stehen sich zwei Sphären, die sich spezifisch unterscheiden in ihrem unterschiedlichen Verhältnis zur ἀλήθεια: Die eine Sphäre hat Evidenz als ihr entscheidendes Charakteristikum, die andere bietet für Evidenz gar nicht die Möglichkeit. – ἀλλ' ἔμπης: ‚aber trotzdem', obwohl die Eindrücke der Menschen sich nicht auf evidente Beweise stützen können. Die Erkenntnis, daß eine Darstellung der Natur und Menschenwelt ohne stringente Beweise bleiben muß, führt bei Parmenides zu recht nicht zum Verzicht auf jeden Erklärungsversuch. Wie auch ein Zeitgenosse, der Mediziner Alkmaion, trotz der Einsicht, als Mensch immer nur ‚Anzeichen deuten' zu können, nicht darauf verzichtet hat, seine Ansichten schriftlich niederzulegen (s. oben S. 77 f.). – ὡς: Für die Modalpartikel ‚wie' nach Verben der Mitteilung vgl. H 401 f. (γνωτὸν ... ὡς), γ 193 f. (ἀκούετε ... ὡς), ϑ 497 f. (μυϑήσομαι ... ὡς), ψ 60 (οἶσϑα ... ὡς); die Bedeutung geht hier offenbar leicht in die von ‚daß' über. – τὰ δοκοῦντα: Der Ausdruck nimmt βροτῶν δόξαι des vorhergehenden Verses auf. ‚Das, was – so oder so zu sein – scheint und daher gilt'. Vgl. etwa Simonides PMG 598 τὸ δοκεῖν καὶ τὰν ἀλάϑειαν βιᾶται. Euripides Tro. 613. – χρῆν: ‚Es war der Sache nach notwendig'; ein Sprachgebrauch wie z. B. bei Herodot I 8,2; 120,1; 186,1; VIII 129,2. – δοκίμως εἶναι: ‚gültig sein'. Für das Adverb neben εἶναι s. oben S. 113 Nr. 8, ferner Schwyzer II 414 f.; Kühner-Gerth I 38,4. Der etymologische Anklang τὰ δοκοῦντα – δοκίμως soll auf die sachliche Problematik hinweisen: Was Geltung hat, hat auch Gültigkeit. – διὰ παντὸς πάντα περῶντα (oder περ ὄντα): Dafür, daß im präpositionalen Ausdruck χρόνου zu ergänzen und also ‚beständig, seit jeher, dauernd' (nicht aber ‚ganz und gar' oder ähnliches) zu übersetzen ist, sprechen alle Belege aus dem 5. Jh.: Aischylos Choeph. 862; Sophokles Aias 705; Euripides Alk. 888, Iph. T. 1117; Herodot I 122,3 (II 25,1), IX 13,1; Thukydides I 38,1; 76,1; 84,1; 85,1 (und weitere zehn Stellen). πάντα kann schwerlich, wie es in der Regel aufgefaßt wird, Objekt zu περῶντα sein; es wird vielmehr zu δοκοῦντα gehören. Denn da das Einzige, was es innerhalb der empirischen Welt für die Menschen gibt, eben die δοκοῦντα sind, ist es sinnlos zu sagen, daß diese δοκοῦντα ‚alles' durchdringen; was sollte mit diesem ‚alles' gemeint sein? Wohl aber kann sinnvoll gesagt werden, daß die δοκοῦντα ‚immer alle' gültig waren: Parmenides beschreibt die Welt und gibt zugleich eine Erklärung dafür, daß alles immer genau den Eindruck gemacht hat, den die Menschen von jeher von der Welt hatten, haben und haben werden. Eine Entscheidung zwischen den überlieferten Wörtern περῶντα und περ ὄντα scheint mir nicht möglich. περῶντα müßte auf διὰ παντὸς bezogen und übersetzt werden ‚durch alle Zeit hindurchdringend, sich von jeher durchsetzend', im Sinne also von ‚dauernd'. Doch ein solcher Sprachgebrauch läßt sich für περάω nicht belegen. Andererseits kann aber auch περ ὄντα angesichts der epischen Parallelen (A 352.546.587, Γ 159. 201, Δ 534, E 625, Θ 253, ϑ 331, κ 441, λ 265, υ 131.271, ψ 361; Hes. Th. 719, Op. 292.514) kaum ohne Gewaltsamkeit erklärt werden. Paläographisch naheliegende Änderungen wie παρόντα oder πάντ' ἀπέραντα werden daher wohl auch von anderen schon erwogen sein.

B 2

Textkritik. Die Korrektur von Karsten rechtfertigt sich selbst; ebenso die von Bywater: überzeugt ist, wem etwas einleuchtet = Überzeugung ‚begleitet' die Evidenz; nicht umgekehrt. Im übrigen besteht hinsichtlich des stummen Jota in der schriftlichen Überlieferung auch sonst die Tendenz, entsprechend der Aussprache den Buchstaben zu vernachlässigen. – Wo der Text durch Simplikios und Proklos erhalten ist, erweist sich die Simplikios-Überlieferung als sorgfältiger: in Vers 3 fehlt bei Proklos ὡς, in Vers 5 steht bei ihm γε statt τε (s. den gleichen Fehler in Vers 1). Von daher ist man geneigt, dem Simplikios Text auch hinsichtlich der Varianten in Vers 6 und 7 von vornherein mehr zu vertrauen; für ihn sprechen denn auch die sachlichen Gründe. παναπειθέα in 6 ist offenbar unter dem Einfluß von B 1,16 (πεῖσαν). 29 (ἀληθείης εὐπειθέος) und vor allem B 2,4 (πειθοῦς) entstanden; das richtige παναπευθέα ist äquivalent dem οὐκ ἀληθής in B 8,17 (s. die Interpretation). In Vers 7 dagegen wäre das von Proklos gebotene ἐφικτόν sprachlich und sachlich allenfalls auch vertretbar.

Erläuterungen. Die Verse erhalten durch 3 (ἡ μὲν) und 5 (ἡ δὲ) eine deutliche Gliederung. Vers 1 und 2: zwei Wege sind erkennbar; Vers 3 und 4: der eine Weg; Vers 5-8: der andere Weg. Die Versgruppen 3/4 und 5-8 haben dieselbe syntaktische Struktur. Jeweils im ersten Vers – nämlich in 3 (ἡ μὲν ὅπως ἔστιν τε καὶ ὡς οὐκ ἔστι μὴ εἶναι) und 5 (ἡ δ' ὡς οὐκ ἔστιν τε καὶ ὡς χρεών ἐστι μὴ εἶναι) – wird der betreffende Weg als solcher genannt; die sprachliche Parallelität ist hier besonders deutlich; die Wege selbst sind einander kontradiktorisch. Anschließend erhält jeder der beiden Wege ein eigenes Prädikat; der eine ist der Weg der Überzeugung (4a πειθοῦς ἐστι κέλευθος), der andere der, von dem es keine Kunde gibt (6). Und schließlich werden diese Prädikate jeweils durch einen γάρ-Satz begründet (4b und 7/8).

Wenn die Verse, wie vermutet werden kann, unmittelbar an den letzten Vers des Proömiums (B 1,32) anschließen, so beginnt mit ihnen der sog. ἀλήθεια-Teil. Sprecher ist die Göttin, die in B 1,24 das Wort ergriffen hatte; angeredet (B 2,1 κόμισαι δὲ σύ) ist Parmenides, wie in B 1,23/24. Die Verse entwickeln thematisch eine Alternative, deren Kurzform lautet: ἔστιν ἢ οὐκ ἔστιν (B 8,16). Die beiden Seiten dieser Grundalternative werden nun an unserer Stelle – und auch sonst – bildlich als zwei Wege bezeichnet. Diese Wege sind jedoch nicht Wege, auf denen man gegebenenfalls gehen und zu einem Ziel kommen kann, sondern sie sind einzig der bildliche Ausdruck für das, was wir heute Alternative nennen. Eine solche bildliche Funktion der ‚Wegegabelung' ist in der Antike geläufig, seitdem Hesiod seine Hörer vor die Alternative gestellt hatte: der Weg zur Schlechtigkeit ist kurz und glatt, der Weg zur Tugend lang und rauh (Erga 286-92). Von Prodikos ist das Motiv einige Jahrzehnte nach Parmenides in seiner Fabel ‚Herakles am Scheideweg' ausgestaltet worden. Herodot läßt die tödlich beleidigte Königin zu Gyges sagen: Ich gebe dir die Wahl zwischen zwei Wegen (Hdt. I 11,2 νῦν τοι δυῶν ὁδῶν παρεουσέων, Γύγη, δίδωμι αἵρεσιν, ὁκοτέρην βούλεαι τραπέσθαι). Zwei Wege stellt übrigens auch Kirke dem Odysseus zur Wahl (μ 55-58).

Sind die zwei Wege in unserem Fragment der bildliche Ausdruck für die Grundalternative, so sind sie selbst nur Elemente dieses Ausdrucks und haben keinerlei Eigenwert. Die Grundalternative kann daher lauten: es ist (gegenwärtig) oder es ist nicht (gegenwärtig); sie kann jedoch ebenso gut lauten: es gibt den Weg ‚es ist (gegenwärtig)‘ und den anderen ‚es ist nicht (gegenwärtig)‘. Beide Formulierungen sind für Parmenides aequivalent. Dem entspricht, daß das ‚Sein‘ und der ‚Weg des Seins‘ dieselben Prädikate erhalten; so wird in B 2,7/8 das μὴ ἐόν, in B 8,17 aber der Weg des μὴ ἐόν unerkennbar und unsagbar genannt. Wie denn überhaupt zwischen B 2,6-8 und B 8,17 eine strenge sachliche Parallelität besteht: οὔτε ἂν γνοίης = ἀνόητον, οὔτε φράσαις = ἀνώνυμον, παναπευθής = οὐκ ἀληθής. Damit sind die entscheidenden Prädikate des Nicht-gegenwärtigen genannt: es ist unerkennbar, man kann nicht davon sprechen, es ist unerfahrbar bzw. nicht evident. Mit diesen drei Prädikaten – und mit ihren kontradiktorischen Gegensätzen – expliziert Parmenides, was er unter ‚(gegenwärtig)sein‘ und ‚nicht(gegenwärtig)sein‘ verstehen will. Wobei die Prädikate sich wechselseitig implizieren; so heißt es in B 2,6-8: Das Nicht-gegenwärtige ist unzugänglich (παναπευθής), denn es ist unerkennbar und unsagbar; in 8,17 aber wird umgekehrt argumentiert: Das Nicht-gegenwärtige ist unerkennbar und unsagbar, denn es ist nicht evident, verborgen (οὐκ ἀληθής = παναπευθής).

Der Gedankengang unserer Verse ist vollständig. Es fehlt nicht etwa, wie man vermutet hat, eine Begründung dafür, daß das (Gegenwärtig)sein diese und das Nicht-(gegenwärtig)sein jene Prädikate erhält. Parmenides nennt und entfaltet hier erstmals seine Grundalternative, indem er den Sinn von ἔστιν und οὐκ ἔστιν mit Hilfe einiger Prädikate erläutert und die Alternative selbst mit dem Charakter der Notwendigkeit versieht. Die Bedeutung der Prädikate ist dabei ganz streng gefaßt.

Wenn die Aussage der Verse 3/4 stringent sein soll, müssen zwischen den drei Begriffen ἔστιν, πειθώ und ἀλήθεια für Parmenides bestimmte semantische Beziehungen bestehen. Diese Beziehungen kommen im Deutschen nicht zum Ausdruck, wenn, wie üblich, εἶναι mit ‚sein' und ἀλήθεια mit ‚Wahrheit' übersetzt werden. Denn wer ‚sein' und ‚Wahrheit' in Beziehung zueinander bringen wollte, müßte eine solche Beziehung erläutern und begründen; eine entsprechende Begründung gibt Parmenides jedoch nirgends. Überdies ergibt die übliche Übersetzung eine Behauptung, die logisch unkorrekt ist: überzeugt ist man nicht dann, wenn etwas wahr *ist*, sondern wenn man etwas für wahr hält, wenn etwas einsichtig, evident ist. Übersetzen wir daher mit ‚(gegenwärtig)sein' und ‚Evidenz', wird die Gedankenführung der beiden Verse verständlich. ‚Das halte ich für evident' und ‚Davon bin ich überzeugt': Diese beiden Sätze können offenbar in gewisser Weise als aequivalent gelten. Insofern – aber auch nur insofern – ist es korrekt, wenn Parmenides sagt: ἀληθείῃ γὰρ ὀπηδεῖ ‚Überzeugung begleitet die Evidenz'. Und ferner: ἀλήθεια ist ein Charakter des εἶναι in dem Sinne – und nur in dem Sinne –, in dem Evidenz ein Charakter des Gegenwärtigseins ist. So wird mit Hilfe der zugeordneten Begriffe ‚Überzeugung' und ‚Evidenz' der Sinn von εἶναι als ‚(gegenwärtig)sein' bestimmt. Für ‚(gegenwärtig)sein' als Grundzug des εἶναι s. auch oben S. 96-98, 103f., 119-121.

Der Weg ὡς οὐκ ἔστιν (B 2,5-8) ist der kontradiktorische Gegensatz zum Weg ὅπως ἔστιν. Das Nicht-(gegenwärtig-)sein wird von Parmenides dadurch charakterisiert, daß es von ihm keine Kunde gibt (παναπευθής), denn es ist unerkennbar und man kann nicht davon sprechen. Und in der Tat, was ich nicht sprachlich aufzeigen, was ich nicht geistig wahrnehmen kann, was daher unerfahren ist, von dem gilt zu recht und im strengen Sinne: οὐκ ἔστιν ‚es ist nicht (gegenwärtig)'. Die semantischen Beziehungen, die für

Parmenides zwischen παναπευθής, οὔτε ἂν γνοίης und οὔτε φράσαις bestehen, bestimmen das μὴ ἐόν als das Nicht-gegenwärtige.

Die damit entwickelte Grundalternative hat für Parmenides Ausschließlichkeitscharakter: etwas ist (gegenwärtig) oder es ist nicht (gegenwärtig); tertium non datur. Um diesen Ausschließlichkeitscharakter deutlich zu machen, versieht Parmenides die beiden Seiten der Alternative ἔστιν ἢ οὐκ ἔστιν zusätzlich jeweils mit dem Ausdruck der Notwendigkeit. Denn nicht nur χρεών ἐστιν in Vers 5, sondern nach den Regeln der Grammatik bedeutet auch der Ausdruck οὐκ ἔστι μὴ ...., ‚es ist nicht möglich nicht....‘ die Notwendigkeit. Also Vers 3b: οὐκ ἔστι μὴ εἶναι ‚es ist nicht möglich nicht (gegenwärtig) zu sein = es ist notwendig (gegenwärtig) zu sein‘. Und Vers 5b: χρεών ἐστι μὴ εἶναι ‚es ist notwendig, nicht (gegenwärtig) zu sein‘.

Die beiden Wege, von denen Parmenides hier spricht, sind die einzigen (Vers 2 μοῦναι), und jeder der beiden ist notwendig (Vers 3b und 5b). Auf diese Weise sucht Parmenides das Verhältnis zwischen εἶναι und μὴ εἶναι – oder zwischen ἔστιν und οὐκ ἔστιν – als eine Alternative zu bestimmen, die ausschließliche Geltung hat. ‚Etwas ist notwendigerweise (gegenwärtig) oder nicht (gegenwärtig)‘. Womit das naheliegende Mißverständnis ausgeschlossen ist, Parmenides meine, etwas sei zwar (im Augenblick) nicht (gegenwärtig), könne aber deshalb doch sein.

Wie also ist ‚(gegenwärtig)sein‘ definiert? Eine Antwort, die über das hinausgeht, was in B 2 die dem ὄν und μὴ ὄν gegebenen Prädikate besagen, gibt B 3.

B 3

Textkritik. Dem von Clemens und Plotin gebotenen Text gebührt der Vorzug trotz der unkorrekten Stellung des τε; bei Proklos, dessen Parmenides-Text auch sonst nicht sehr zuverlässig ist, liegt demgegenüber einerseits (Theol.) Paraphrase, andererseits (Parm.) der Versuch vor, die Wortstellung zu normalisieren. – Der Sache nach ist es gut möglich, daß das Fragment unmittelbar an B 2 anschließt, also dort den Vers 8 vervollständigt; ein entsprechender Hinweis ist jedoch der Überlieferung nicht zu entnehmen.

Erläuterungen. In B 2,7 beschreibt Parmenides das μὴ ἐόν als das, was nicht erkannt werden kann. Dem entspricht, daß er hier das εἶναι mit dem νοεῖν identifiziert. Was ich vernehme, geistig wahrnehme, das ist gegenwärtig; und umgekehrt ist das Gegenwärtige dadurch gegenwärtig, daß ich es vergegenwärtige. Beide Begriffe, εἶναι und νοεῖν, implizieren sich gegenseitig; der eine ist ohne den anderen nicht zu denken. In vergleichbarer Weise bestimmt gelegentlich Platon das Verständnis von ‚erscheinen' und ‚wahrnehmen' als Identität: Erscheinung und Wahrnehmung sind dasselbe (Theaet. 152b τὸ δέ γε φαίνεται αἰσθάνεσθαί ἐστιν; – ἔστιν γάρ. – φαντασία ἄρα καὶ αἴσθησις ταὐτόν....); denn es ist ein und derselbe Vorgang, der – von der Seite des Objekts aus betrachtet – ‚in Erscheinung treten', der – von der Seite des Subjekts aus betrachtet – ‚wahrnehmen' heißt. Was Platon hier für die Wörter φαίνεσθαι und αἰσθάνεσθαι entwickelt, gilt nach Parmenides in analoger Weise für die semantische Beziehung von εἶναι und νοεῖν: ‚(gegenwärtig)sein' und ‚vernehmen' meinen denselben Vorgang, nur jeweils unter einem anderen Aspekt. Als gegenwärtig also gilt, was vom νόος erfaßt ist. In diesem Sinne ist εἶναι durch νοεῖν definiert.

τὸ αὐτό ist Prädikat, νοεῖν und εἶναι Subjekt des Satzes; das ist zweifellos die nächstliegende Auffassung. Viele Interpreten haben jedoch gemeint, eine solche Auffassung führe zwangsläufig auf eine idealistische Identitätsthese von Sein und Denken; und da sie eine solche Lehre zu recht Parmenides nicht zuschreiben wollten, sahen sie sich veranlaßt, τὸ αὐτό als Subjekt zu fassen und den Satz zu übersetzen: Dasselbe kann gedacht werden und sein. Dann muß jedoch die Parallelstelle B 8,34 ebenso konstruiert werden: ταὐτὸν δ' ἐστὶ νοεῖν τε καὶ οὕνεκεν ἔστι νόημα. Und das führt zu einer Schwierigkeit. Denn wer hier ταὐτόν als Subjekt betrachtet, muß für ἐστί mit zwei verschiedenen Bedeutungen rechnen: in bezug auf νοεῖν als ‚es ist möglich, kann', in bezug auf die nominale zweite Vershälfte aber im Sinne der Kopula als ‚ist'. Ein solches Zeugma ist unwahrscheinlich und ohne Parallele. Zudem verwendet Parmenides τὸ αὐτό an insgesamt sechs Stellen, und von ihnen sind vier (6,8; 8,29.57; 16,2) eindeutig prädikativ aufzufassen; das sollte daher, falls nicht inhaltliche Gründe dagegen sprechen, auch für B 3 und B 8,34 gelten. Und ohnehin ist die Schwierigkeit, der man entgehen wollte, wohl überhaupt nur dadurch entstanden, daß νοεῖν als ‚denken' verstanden wurde (s. auch oben S. 119-121).

Für die Konjunktion τε καί hat Parmenides offensichtlich eine gewisse Vorliebe: B 1,11; 2,3.5; 3; 6,8; 8,4.34.40 (2 mal); 9,2; 10,6. Mehrfach benutzt er sie dort, wo er im Grunde nur καί sagen sollte (2,3.5; 3; 6,8; 8,34); auch im Deutschen heißt es korrekterweise nicht: x sowohl als auch y sind identisch, sondern einfach: x und y sind identisch. Mit dem leicht unkorrekten Sprachgebrauch steht Parmenides jedoch keinesfalls alleine: J. D. Denniston, The Greek Particles, Oxford ²1959, 512f.; die dort gegebenen Stellen lassen sich ohne weiteres vermehren (s. etwa die Verbindung τε καί mit μεταξύ bei Herodot I 6,1; dazu Stein im Kommentar). Speziell für die Verbindung τὸ αὐτό und τε καί als Ausdruck der Identität vgl. Alexander Aphr. in Aristot. Met. 246,32 (ταὐτὸν κατὰ τὸ ὑποκείμενον τό τε ὂν καὶ τὸ ἕν), 247,9 (λέγει δὲ τὸ ἓν τῷ ὄντι οὕτω ταὐτὸν εἶναι ὡς ἐστι ταῦτα ἀρχή τε καὶ αἴτιον), 247,32 (ταὐτὸν τό τε ὂν καὶ τὸ ἕν). Vor dem Hintergrund dieses Befundes ist die Ausdrucksweise des Parmenides ohne Anstoß.– Die unkorrekte Stellung des τε ist als poetische Lizenz anzusehen; s. aber auch Kühner-Gerth II 245 Anm. 5d.

B 4

Textkritik. Der Zusammenhang ist unbekannt. Daher bleibt unsicher, ob δέ in Vers 1 ‚aber' oder ‚sondern' heißt. Ebenso ist es nicht völlig auszuschließen, daß doch ὅμως zu schreiben und entsprechend adversativ zu übersetzen ist. (Zur Frage m. E. richtig Hölscher Anfängl. Fragen 118-23). – Vor allem die sachliche Beziehung von Vers 2 zu B 8,6 und 25 scheint dafür zu sprechen, daß das Fragment die Erörterungen von B 8 voraussetzt, also in den δόξαι-Teil gehört.

Erläuterungen. Die Verse erläutern die spezifische Fähigkeit des νοεῖν. Wie Parmenides durch das Verbum λεύσσειν zum Ausdruck bringt, läßt sich das Erkennen, das mit dem Wort νόος bezeichnet wird, zunächst als eine Art des Sehens verstehen. Von der visuellen Wahrnehmung unterscheidet sich der νόος jedoch dadurch, daß er der räumlichen und zeitlichen Beschränkung gerade nicht unterliegt. Für die Sinne gibt es einerseits ‚Abwesendes, Entferntes', das dem unmittelbaren Kontakt aus diesem oder jenem Grunde für immer oder auf Zeit entzogen ist, und andererseits ‚Anwesendes, Gegenwärtiges', das unmittelbar erreicht wird. Auf der Ebene der sinnlichen Wahrnehmung hat es daher einen guten Sinn, zwischen ἀπεόντα und παρεόντα zu unterscheiden. Anders dagegen für den νόος; er vermag Nahes und Entferntes in gleicher Weise zu vergegenwärtigen. Was er erfaßt, ist gegenwärtig; gleichgültig, ob es sich um Entferntes oder Nahes, den Sinnen Erreichbares oder Unerreichbares handelt. Denn zwischen Gegenwärtigem, zwischen dem also, das er vergegenwärtigt hat, macht der νόος keinen Unterschied (Vers 2); das heißt: er differenziert nicht zwischen Gegenwärtigem, das sich in der Ferne zerstreut und den Sinnen entzieht, und Gegenwärtigem, das sich in der Nähe zusammenfindet (Vers 3f.).

Die Deutung der Verse 3 und 4 ist nicht sicher. Daß die Ausdrücke σκιδνάμενον und συνιστάμενον aus der Sprache physikalischer Weltentstehungslehren übernommen sind, läßt sich vermuten; vgl. Anaximenes VS 13 A 7,15.27; A 8; Heraklit VS 22 B 91; Empedokles VS 31 B 35,6; Philolaos VS 44 B 6 (p. 409,1). Doch ob ‚zerstreuen' und ‚zusammenkommen', oder ‚enden' und ‚beginnen', oder ‚vergehen' und ‚entstehen' zu übersetzen ist, ist m. E. nicht zu entscheiden. Vollends unsicher ist die Bedeutung von κατὰ κόσμον. Im Epos hat der formelhafte Ausdruck immer den adverbiellen Sinn ‚nach der Ordnung'. An der einzigen weiteren Stelle, an der Parmenides das Wort κόσμος noch benutzt (B 8,52), liegt ebenfalls älterer Sprachgebrauch vor. Andererseits scheint es sicher, daß ein philosophischer Kosmosbegriff (κόσμος nicht ‚Welt' oder ‚kosmischer Raum', sondern ‚Weltordnung' als ein bestimmter Zustand) zur Zeit des Parmenides schon entwickelt war; dazu H. Diller, Kleine Schriften, München 1971, 85f.; Ch. H. Kahn, Anaximander and the Origins of Greek Cosmology, New York and London 1960, 219-230. Und in der Tat kann σκίδνασθαι κατά als ‚sich zerstreuen in' aufgefaßt werden. Trotzdem würde ich den Satz lieber so verstehen: Seiendes zerstreut sich und findet sich zusammen gemäß der Ordnung, d. h. so, wie es nun einmal in unserer empirischen Welt zugeht.

B 5

Textkritik. Proklos zitiert die Worte zusammen mit B 8,25 (ἐὸν γὰρ ἐόντι πελάζει) und B 8,44 (μεσσόθεν ἰσοπαλές), um zu folgern, daß jemand, der Begriffe wie Anfang und Mitte verwendet, mit einer Mehrzahl von ὄντα bzw. νοητά rechnet. Der Ort der Verse ist gleichwohl völlig unsicher.

Erläuterung. Für die Göttin ist es ohne Bedeutung, wo sie anfängt; denn sie kehrt zum Anfang zurück. Anfang und Ende sind für sie identisch, wie bei einem Kreis, den man durchläuft (vgl. Heraklit VS 22 B 103 ξυνὸν γὰρ ἀρχὴ καὶ πέρας ἐπὶ κύκλου περιφερείας). Worauf sich ihre methodische Bemerkung bezieht, ist jedoch nicht erkennbar.

B 6

Textkritik. Der Text basiert auf drei Zitaten bei Simplikios, die sich gegenseitig ergänzen und korrigieren. So ist der erste Halbvers nur auf S. 86 erhalten. Nur dort ist auch der Anfang von Vers 2 richtig überliefert (μηδὲν δὲ οὐκ), während auf S. 117 die Handschriften hier unsinnige Buchstabenfolgen haben (μὴ δὲ οἶδ'; μὴ δέοι δ'; μὴ δὲ οἶδ'). Die gestörte zweite Hälfte von Vers 2 ist mit Hilfe des epischen Vorbildes sicher herzustellen. – In Vers 6 – und entsprechend in B 8,28 ἐπλάγχθησαν – habe ich die epische Normalform vorgezogen; allerdings scheint tatsächlich einiges für πλακτόν zu sprechen. Zwar schwankt in solchen Fällen gelegentlich die Überlieferung auch des alten Epos – (s. etwa die Angaben von Allen in seiner großen Ilias-Ausgabe, Oxford 1931, zu A 59, Λ 308) –, aber in Vers 5 ist einhellig πλάττονται überliefert; und hat Parmenides wirklich so und nicht πλάζονται geschrieben, so mußte für das Verbaladjektiv nach dem Muster πράττειν – πρακτός die Form πλακτός naheliegen. Eben diese Form wird denn auch durch Hesych bezeugt: πλακτός – παράφρων, πεπλανημένος. Das Schwanken der Handschriften in B 6,6 und 8,28 spräche dann von dem gelegentlichen Versuch zu normalisieren.

Zur Annahme einer Lücke zwingt der auf S. 117 gestörte Simplikios-Text. Dort fehlt der Schluß von Vers 3, den Diels im Anschluß an die Aldina (εἶργε νόημα, nach B 7,2) plausibel ergänzt hat; und außerdem hat der Satz, in dem Simplikios die Verse zitiert, wohl ein Partizip, aber kein Hauptverb. Das fehlende Prädikat dort zu ergänzen, wo ohnehin eine Lücke ist, also zwischen Vers 3 und 4, liegt nahe. Dann lautet der Text des Simplikios etwa: „Parmenides, der zunächst sagt: ... (unsere VerseB 6,1-3) ..., sagt dann: ... (6,4-9) ..." Simplikios bringt in einem Satz also zwei Zitate. Und daß diese Zitate nicht unmittelbar zusammengehören, folgt nicht nur aus allgemeinen Erwägungen, sondern entspricht dem Sachverhalt an allen vergleichbaren Stellen (ausführliche Begründung in Gegenwart und Evidenz 42-45). Zwischen Vers 3 und 4 fehlt daher mindestens ein Vers, in dem das Demonstrativpronomen ταύτης ‚dieser Weg' aus Vers 3 seine notwendige Erläuterung findet.

Erläuterungen. Das Seiende ist von Parmenides als das definiert, das erkannt ist und worüber gesprochen werden kann. Wie zum μὴ ἐόν die Prädikate ἀνόητον und ἀνώνυμον, so gehören zum ἐόν die Wörter νοεῖν und λέγειν. Wird diese strenge Zuordnung berücksichtigt, dann läßt sich die grammatische Konstruktion des kontroversen Satzes χρὴ τὸ λέγειν τε νοεῖν τ' ἐὸν ἔμμεναι leicht auflösen. ἐόν ist Objekt zu den Verben λέγειν τε νοεῖν τε ‚Gegenwärtiges sagen und erkennen'. Dieser infinite Ausdruck wird durch τό substantiviert, und dieser substantivierte Ausdruck ist der Akkusativ in einem zusammen mit ἔμμεναι gebildeten A.c.I, der von χρή abhängt. ‚Es ist von der Sache her notwendig, daß es Reden und Vernehmen von Gegenwärtigem gibt'. Was nach Parmenides von der Sache her notwendig, da logisch evident, ist, das ist nichts anderes als die Beziehungen, die er zwischen den Begriffen ‚(gegenwärtig)sein, vernehmen und sprechen' entdeckt hat. Indem ich über etwas spreche, ist es mir gegenwärtig; und was gegenwärtig ist, für das gilt eo ipso, daß ich es vernommen habe. Der eine Begriff impliziert jeweils den anderen. So folgt die hier angesprochene ‚sachliche Notwendigkeit' – logisch evident – aus der Definition, die Parmenides seinen Grundbegriffen gibt. Diese Grundbegriffe in der rechten Weise – nämlich so, daß das ἐόν durch die Begriffe νοεῖν und λέγειν, das μὴ ἐόν aber durch die kontradiktorischen Begriffe definiert sind – zu verstehen, legt die Göttin in Vers 1 und 2 ihrem Adepten noch einmal ans Herz (s. im übrigen oben S. 124-126). ‚Denn', so fährt sie in Vers 3 ff. fort, andere Wege kommen für die Überlegung nicht in Frage.

Der Weg, den die Göttin empfiehlt, ist das rechte Verständnis der Grundalternative. Wer die in B 2 formulierte Alternative ‚Weg ἔστιν – Weg οὐκ ἔστιν' in ihrem Ausschließlichkeitscharakter versteht, der weiß, daß auf dem ‚Weg' οὐκ ἔστιν nichts zu finden ist: Von diesem Weg (Vers 3) hält die Göttin daher ihren Hörer fern. Denn ‚dieser' Weg, oder das μὴ ἐόν, ist als die eine Seite der Alternative qua Definition ja gerade das ἀνόητον und das ἀνώνυμον. Eine kurze Beschreibung dieses ersten Weges, vor dem die Göttin warnt, folgte ursprünglich in einem Relativsatz, der Prädikate wie παναπευθές, οὐκ ἀληθές, ἀνόητον, ἀνώνυμον enthalten haben wird. Doch hat Simplikios diese Beschreibung ausgelassen, da die Charakteristika dieses Weges schon oft genug genannt sind und er hier die Aufmerksamkeit auf einen weiteren, bisher aber noch nicht beschriebenen Weg lenken will, vor dem die Göttin ebenfalls warnt.

Dieser weitere Weg ist der, dem die Menschen üblicherweise folgen (Vers 4-9). Sie werden zunächst (Vers 4-7) durch abwertende Prädikate charakterisiert, dann (Vers 8 und 9) wird der grundlegende Fehler beschrieben, der ihrem Denken zugrundeliegt.

Die Menschen, wie Parmenides sie in den Versen 4-7 beschreibt, haben kein Wissen (εἰδότες οὐδέν), sie irren umher (πλάττονται), sind hilflos (ἀμηχανίη), ohne feste Erkenntnis (πλαγκτὸν νόον), taub und blind (κωφοί, τυφλοί); kurz, sie sind nicht in der Lage, die Verhältnisse zu durchschauen (τεθηπότες). Solche und ähnliche Wörter dienen in der frühgriechischen Literatur dazu, die Menschen in ihrer Stellung gegenüber den Göttern zu charakterisieren. Parmenides übernimmt sie und charakterisiert mit ihnen die Menschen, sofern sie im üblichen Denken und Sprechen befangen sind, und das heißt: sofern sie noch nicht seine

Einsicht und seinen Sprachgebrauch übernommen haben. Zwei der abwertenden Attribute, die Parmenides den Menschen beilegt, sind in der älteren Literatur ohne Beleg: δίκρανοι und ἄκριτα φῦλα. ‚Doppelköpfig' nennt Parmenides die Menschen deshalb, weil sie ständig ‚hin und her überlegen, zwiefacher Meinung sind' – (vgl. die entsprechenden epischen Ausdrücke: A 189 διάνδιχα μερμήριξεν, ἤ ... ἠε ...; Π 435 διχθὰ δέ μοι κραδίη μέμονε φρεσὶν ὁρμαίνοντι, ἤ ... ἤ ...; τ 524 ὡς καὶ ἐμοὶ δίχα θυμὸς ὀρώρεται ἔνθα καὶ ἔνθα, ἠὲ ... ἤ ....; B 13f. ἀμφὶς φράζεσθαι, N 345 ἀμφὶς φρονεῖν; auch Sappho 51 LP οὐκ οἶδ' ὅττι θέω· δίχα μοι τὰ νοήμματα) –, und weil sie aus diesem Zustand des ewigen ‚sowohl – als auch' seiner Meinung nach nicht heraus kommen. Sie sind daher ἄκριτα φῦλα ‚unentschiedene Haufen'; denn sie entziehen sich jener grundsätzlichen Entscheidung, die Parmenides bzw. die Göttin zur Debatte stellt (vgl. B 7,5 κρῖναι; 8,15 κρίσις; 8,16 κέκριται). Und diese Entscheidung fällt vor der Alternative: ἔστιν ἢ οὐκ ἔστιν.

Wer diese Alternative keine absolute Geltung haben läßt, wer also ‚(gegenwärtig)sein' nicht durch den νόος, sondern durch die sinnliche Wahrnehmung definiert, muß sich – so meint Parmenides – in einen Widerspruch verwickeln: er hält ‚(gegenwärtig)sein' und ‚nicht-(gegenwärtig)sein' für dasselbe und nicht dasselbe. Parmenides denkt: Wer ‚gegenwärtig' auf die Sinne bezieht, der definiert diesen Begriff durch den unmittelbaren sinnlichen Kontakt: was die Sinne erfassen, das ist gegenwärtig. In der Terminologie von B 4 würde das bedeuten: er versteht εἶναι als παρεῖναι und μὴ εἶναι als ἀπεῖναι. Sind aber die μὴ ἐόντα erst einmal als ἀπεόντα (= sinnlich abwesend) definiert – und das sind sie, sobald sie nicht durch den νόος definiert sind –, so bleibt nichts anderes übrig, als auch von diesen μὴ ἐόντα ein εἶναι auszusagen. Denn selbstverständlich wollen auch die, die sich für ihren Begriff von ‚gegenwärtig' an der sinnlichen Wahrnehmung orientieren, nicht allem, was den Sinnen momentan nicht gegenwärtig ist, damit auch schon die Existenz absprechen. Sie nehmen also die Grundalternative nicht beim Wort und meinen vielmehr: Etwas ist zwar nicht gegenwärtig, aber es ist deshalb doch. Das aber bedeutet: Gegenwärtiges und Nicht-gegenwärtiges *ist* in gleicher Weise; oder in den Worten des Parmenides: εἶναι und μὴ εἶναι gelten als dasselbe (ταὐτὸν νενόμισται). Sofern jedoch auch bei dieser Definition selbstverständlich zwischen dem Zustand des (Gegenwärtig)seins und dem des Nicht-(gegenwärtig)seins unterschieden wird, gelten die beiden Begriffe doch auch als nicht identisch (οὐ ταὐτόν). Immer also gilt auch das Gegenteil; mit anderen Worten: bei allem gibt es einen umgekehrten Weg.

Wer also ‚gegenwärtig' auf die Sinne bezieht, der muß nach Parmenides konsequenterweise behaupten, daß die beiden Begriffe – nämlich (Gegenwärtig)sein und Nicht-(gegenwärtig)sein – identisch und nicht identisch sind. Daß zwei Größen identisch und nicht identisch sind, ist unmöglich. Wenn sich unmögliche Folgerungen ergeben, ist der Ausgangspunkt falsch. Ausgangspunkt, auf den sich die Kritik des Parmenides richtet, ist die übliche Verwendung des Wortes εἶναι. Im üblichen Sprachgebrauch ist die Bedeutung von εἶναι falsch oder überhaupt nicht definiert; das ist der Grundfehler. Er führt konsequent zu jener inneren Widersprüchlichkeit, in die sich – wie die scheinbar paradoxe Formulierung von B 6,8-9 behauptet – alles menschliche Denken und Sprechen verwickelt.

B 7 + 8

Textkritik. Die sieben Verse von B 7 (bis λείπεται) sind nirgends zusammen überliefert; doch ihr Zusammenhang ist gesichert. Die Verbindung von Vers 1 und 2 sichern Platon und Simplikios, den von Vers 2 und 3 Sextus. Gegen gelegentlich immer noch geäußerte Zweifel (H. Fränkel) s. die Begründung in Gegenwart und Evidenz 30-32. –

Die Verbindung von B 7 und B 8 beruht auf der Tatsache, daß das Zitat bei Sextus mit den Worten endet:

ἐξ ἐμέθεν ῥηθέντα. μόνος δ' ἔτι θυμὸς ὁδοῖο/λείπεται,

und daß Simplikios dreimal einen Abschnitt zitiert, der mit den Worten beginnt:

μόνος δ' ἔτι μῦθος ὁδοῖο
λείπεται ὡς ἔστιν. ταύτῃ δ' ἔπι σήματ' ἔασι.

Ende des einen und Anfang des anderen Zitats sind klärlich identisch, mit Ausnahme von μῦθος hier und θυμός dort; doch abgesehen davon, daß θυμός bei Sextus unverständlich ist: für die Verwechselung der beiden Wörter in den Handschriften finden sich weitere Beispiele.

In Vers 1 muß das immer wieder bezweifelte δαμῆ als gut überliefert gelten. Die beiden ältesten Aristoteles-Handschriften, aus dem 10. Jh., schreiben τοῦτο δαμῆ, an den drei Simplikios-Stellen schreibt eine der beiden guten Handschriften (E) durchweg τοῦτο δαμῆ, die andere (D) wenigstens einmal, zweimal dagegen τοῦτο μηδαμῆ; die beiden wichtigen Platon-Handschriften, B (aus dem Jahr 895) und T, schreiben an beiden Stellen, Soph. 237 A und 258 D, τοῦτ' οὐδαμῆ; nun wird aber Soph. 258 D (genauer: 258 C 6 - 259 B 6) bei Simplikios 135 zitiert; mit anderen Worten: die eine der drei genannten Simplikios-Stellen ist Zitat eines Abschnitts aus Platons Sophistes, wo dieser u.a. den fraglichen Parmenides-Vers zitiert. Da nun an dieser Stelle jedenfalls eine unserer Simplikios-Handschriften τοῦτο δαμῆ schreibt – (143, wo zwar kein wörtliches Zitat, aber doch Platon-Reminiszenz vorliegt, schreiben beide Handschriften so) –, ist zu folgern: in der Platon-Ausgabe, aus der Simplikios im 6. Jhdt. zitiert, stand τοῦτο δαμῆ oder δαμῆ. Nur diese Lesung kann daher als überliefert gelten. Als dann später die Verbform δαμῆ und damit der ganze Ausdruck nicht mehr verstanden wurde, drängten sich die scheinbar naheliegenden Wörter οὐδαμῆ und μηδαμῆ ein, die zudem unmetrisch sind.– In Vers 5 ist πολύπειρον bei Sextus Wiederholung aus Vers 3.

In B 8 kann entgegen dem Augenschein die Lesung von Vers 4 als sicher gelten. Denn zwar sind für Anfang und Ende des Verses Varianten überliefert, bezeichnenderweise jedoch nur dort, wo der Vers alleine oder allenfalls zusammen mit Vers 3 zitiert wird (selbst Simplikios hat, wenn er Vers 4 allein zitiert, das falsche ἀγένητον). Daß ἀγένητον aus Vers 3 fälschlich wiederholt ist, ist offenkundig; ebenfalls erklärbar ist die falsche Lesung μοῦνον μουνογενές. Demgegenüber sind über die Entstehung von ἔστι γάρ οὐλομελές bei Plutarch (und Proklos) nur Vermutungen möglich. Angesichts der von Simplikios im Rahmen längerer Zitate gegebenen Lesung und angesichts der Tatsache, daß auch zwei der drei frühen Zitate (Plut., Ps. Plut., Clem.) μουνογενές lesen, ist das von Plutarch und Proklos gebotene οὐλομελές jedenfalls ohne Gewicht. ἔστι γάρ aber bei Plutarch sind möglicherweise seine eigenen Worte, also gar nicht als Zitat gedacht: R. Westman in seiner Plutarch-Ausgabe (Leipzig 1959) und in ‚Plutarch gegen Kolotes', Acta Philosophica Fennica VII, Helsingfors 1955, 236-239; und ohnehin ist nach dem Schluß von Vers 3 die Wiederholung desselben Wortes zu Beginn von Vers 4 bei Parmenides mehr als unwahrscheinlich.

5-21. Der vereinzelte Vers, der sich bei Ammonios, Philoponos, Asklepios und Olympiodor findet (οὐ γάρ ἐήν, οὐκ ἔσται ὁμοῦ πᾶν, ἔστι δὲ μοῦνον / οὐλοφυές. Das letzte Wort nur bei Asklepios), wird wohl zurecht als eine Variante zu Vers 5 betrachtet, deren Entstehung und Bedeutung nur schwer erklärt werden kann; daß Simplikios dreimal in größerem Zusammenhang den richtigen Text gibt, leidet jedoch keinen Zweifel.

In Vers 12 ist m. E. die Überlieferung ἐκ μὴ ἐόντος zu halten; sie wird heute allerdings meist zu ἐκ τοῦ ἐόντος geändert. Bevor man sich jedoch zu einem so schweren Eingriff entschließt, sollte man eher den überlieferten Text für korrupt erklären. Zudem sprechen mindestens zwei Bedenken gegen eine solche Änderung. Der geänderte Text bedeutet entweder: ‚Aus Seiendem wird immer nur

Seiendes'. Ist das aber eine sinnvolle Antwort auf die Frage nach der Entstehung des Seienden (Vers 6)? Bzw., ist das eine mögliche Begründung dafür, daß Seiendes nicht entsteht? Oder aber der geänderte Text bedeutet: ‚Aus Seiendem entsteht nichts über es hinaus' im Sinne von ‚Seiendes verändert sich nicht und vergeht nicht'. Eine solche Aussage aber wäre überhaupt keine Antwort mehr auf die in Vers 6 gestellte Frage, sondern würde von einem neuen Thema, von Veränderung und Vergehen, sprechen. Das aber dürfte nicht möglich sein: Die Frage von Vers 6 verlangt eine mindestens zweiteilige Antwort; die in der Tat mit οὔτε (Vers 7) und οὐδέ (Vers 12) gegeben wird. Im übrigen s. die Erläuterungen.

Über den Text von Vers 19, der bei Simplikios nur an einer Stelle überliefert wird, ist Sicherheit nicht zu gewinnen. Wird der überlieferte Wortlaut (πῶς δ' ἂν ἔπειτα πέλοι τὸ ἐόν;) gehalten, so besteht ein enger Zusammenhang: Den rhetorischen Fragen in Vers 19 folgt in Vers 20 die zweiteilige Begründung in chiastischer Responsion. Doch erhält in diesem Fall ἔπειτα eine Bedeutung (= ὕστερον), für die es, wenn ich recht sehe, keine Parallelen gibt: ,,Wie könnte Seiendes *in Zukunft* sein?" Weder epische Stellen wie O 140, Π 498 noch μετέπειτα in B 19,2 beweisen die Möglichkeit einer solchen Verwendung, zumal dort – anders als an unserer Stelle – das Verbum im Futur steht. So sollte man eher an die epische Wendung πῶς ἂν ἔπειτα denken, die übereinstimmend mit attischem Sprachgebrauch eine verwunderte Frage einleitet, und dann Karstens Konjektur erwägen: ,,Wie aber sollte da Seiendes zugrunde gehen?" Allerdings verliert auf diese Weise der Zusammenhang: Vers 20 bezieht sich lediglich noch auf die zweite der in Vers 19 gestellten Fragen. Non liquet.

26-33. Zu den Formen ἐπλάγχθησαν und ἐπλάχθησαν (Vers 28) s. oben S. 148 zu B 6,6. – Für den Anfang von Vers 29 käme allenfalls noch ταὐτὸν ὂν ἐν in Frage, doch auch die Überlieferung spricht entschieden für ταὐτόν τ' ἐν. Die Lesung χοὔτως (Vers 30) wird gestützt durch das voraufgehende τε (vor κεῖται): werden die beiden finiten Verbformen durch τε καί verbunden, ist kein τε überzählig (wie man gemeint hat); womit sich die von Proklos in Vers 29 gebotene Lesung μίμνει wie auch die moderne Konjektur μενεῖ in Vers 30 erübrigen. – Fraglich dagegen bleiben Lesung und Verständnis von Vers 33. Für sicher allerdings halte ich ἐπιδευές; nur diese Form begegnet im Epos, und zudem ist ein dreisilbig zu lesendes ἐπιδεές schwerlich zu rechtfertigen. Dann aber liegt es am nächsten, μή zu tilgen.

Die Partie 34-41 enthält in den Versen 36 und 38 zwei textkritisch problematische Stellen; für beide bietet unser einziger Gewährsmann, Simplikios, jeweils zwei verschiedene Lesungen, die jedenfalls metrisch ohne Anstoß sind. Sehen wir in dem langen Zitat (B 8,1-52) S. 145f. unseren besten Zeugen für den Parmenides-Text, so gilt für die beiden fraglichen Verse, daß wir hier die Lesungen des besten Zeugen verlassen müssen.

In Vers 36 sollte die Wahl zwischen den Varianten οὐδὲν γάρ ἐστιν ἢ ἔσται (Simpl. 86) und οὐδ' εἰ χρόνος ἐστὶν ἢ ἔσται (Simpl. 146) nicht schwerfallen; sie ist von den neueren Herausgebern denn auch einhellig getroffen. Die Erwähnung der Zeit ist zumal in diesem Zusammenhang nicht nur unerwartet, sondern unerklärbar; ganz abgesehen davon, daß ein Konditionalsatz ohne finites Verb syntaktisch bedenklich ist. Palaeographisch erklärbar ist die Variante weniger bei Unzial – (ΟΥΔΕΝΓΑΡΕΣΤΙΝ – ΟΥΔΕΙΧΡΟΝΟΣΕΣΤΙΝ), eher bei Kursivschrift, besonders wenn man mit Diels annimmt, daß die Kürzung von γ(ά)ρ mit einer für χρ(όνος) verwechselt wurde. – Ob wirklich ἢ ergänzt werden muß, bleibt fraglich; möglicherweise hat Parmenides sich durch Stellen wie A 342, B 39.342, Z 38, T 49, δ 826, λ 580, h.Cer. 57 berechtigt gesehen, den Vokal von γάρ gelegentlich auch als metrische Länge zu behandeln; vgl. besonders noch I 377.

Demgegenüber sind in Vers 38 die Varianten ὄνομα ἔσται (Simpl. 87) und ὀνόμασται bzw. ὠνόμασται (Simpl. 146) leicht erklärbar, strittig aber ist neuerdings wieder ihre Bewertung. Der Hinweis auf die angeblich ‚bessere' Überlieferung (Simpl. 87 E, 146) ist allerdings nicht von Gewicht, da andernfalls in Vers 36 eben auch χρόνος vorgezogen werden müßte; was heute niemand mehr empfiehlt. Grammatisch läßt sich die Frage eindeutig entscheiden. Zwar hat man geglaubt, in τῷ πάντ' ὀνόμασται könnten mit πάντ' ὅσσα die Namen gemeint sein, die von jenem (τῷ) bzw. über jenes ausgesagt werden („The immediate paraphrase is: It is this which mortals are describing when they say ...; mortals have called it Υ, but it actually is X". Mourelatos). Doch die griechische Sprache unterscheidet sich hier nicht von der deutschen: Wohl läßt sich sagen ‚jemandem wird etwas als Name gegeben', aber andererseits heißt es immer nur ‚jemand wird so und so genannt'. Mit anderen Worten: Ein Dativ (τῷ) ist nur dann möglich, wenn die Formulierung das Wort ὄνομα enthält, andernfalls – wenn also bloße Verben wie καλεῖν oder ὀνομάζειν gebraucht werden – steht derjenige, der benannt wird, bei aktivischem Ausdruck im Akkusativ, bei passivischem im Nominativ. Vgl. die Dative in Formulierungen wie B 19,3 (τοῖς δ' ὄνομ' ἄνθρωποι κατέθεντ' ἐπίσημον ἑκάστῳ); ferner Plat. Crat. 385 D, Polit. 279 E; Euripides Hec. 1271 (τύμβῳ δ' ὄνομα σῷ κεκλήσεται / κυνὸς ταλαίνης σῆμα ....). Demgegenüber sind die Worte τῷ πάντ' ὄνομ' ἔσται sprachlich einwandfrei. Und im übrigen dürfte auch das zuerst bei Platon begegnende, bzw. von ihm gebildete, und dann von Simplikios aus neuplatonischen Quellen übernommene ‚Zitat' (οἷον ἀκίνητον τελέθει τῷ παντὶ ὄνομ' εἶναι) für diese Lesung sprechen, einerlei ob Platon hier versehentlich oder aber – was angesichts des im ganzen Abschnitt herrschenden ironischen Untertons wahrscheinlicher ist – absichtlich falsch zitiert hat.

42-49. In Vers 45 ist statt des einsilbig zu lesenden χρεών möglicherweise χρεόν richtig. Doch wer das meint, sollte dann konsequent in B 2,5 und 8,11 entsprechend ändern, wo für dieselbe Versstelle einhellig χρεών überliefert ist; ebenfalls in B 8,54. – Statt der unverständlichen Überlieferung οὔτε γὰρ οὔτε (ἐ)όν (Vers 46) hat die Aldina οὔτε γὰρ οὐκ ἐόν geschrieben; vielleicht richtig. Doch bleibt daneben οὔτεον oder οὔ τεον immerhin erwägenswert, das Diels als Parallelform zu οὔτι (= οὐδέν) vermutet hat; allerdings ist der Nominativ τέος τέον (= τις τι) nicht belegt, wohl aber der Genitiv τεο τευ, der Dativ τεῳ und die entsprechenden Pluralformen τεων τέοισι; und immerhin findet sich im alten Epos auch οὔ τευ (Σ 192, δ 264, φ 210); s. auch Schwyzer I 616,1. Auf jeden Fall ist wahrscheinlich, daß hier in irgendeiner Form vom Nichtsein gesprochen wird: weder vom Nichtsein (Vers 46) noch vom Sein selbst (Vers 47) kann eine Störung ausgehen. Anders dagegen die Auffassung von Wilamowitz, der οὐδὲ γὰρ οὔτ' ἐὸν ἔστι versucht. – Am Ende von Vers 46 in ἱκέσθαι zu ändern, liegt zwar angesichts zahlreicher Homerverse nahe, doch scheint die Correptio Attica durch Xenophanes VS 21 B 28 (ἐς ἄπειρον ἱκνεῖται) gesichert zu werden.

50-61. Neben kleineren Differenzen der Handschriften, die leicht zu regeln sind, enthält der Abschnitt eine größere Verderbnis. In Vers 57 sind die beiden überlieferten Fassungen unmetrisch. Da ἀραιός und ἐλαφρός nahezu bedeutungsgleich sind, dürfte eines der beiden Wörter ursprünglich erläuternde Randnotiz gewesen sein. Unter Hinweis auf ein bei Simplikios erhaltenes Scholion (Phys. 31,4 ἐπὶ τῷδέ ἐστι τὸ ἀραιὸν καὶ τὸ θερμὸν καὶ τὸ φάος καὶ τὸ μαλθακὸν καὶ τὸ κοῦφον, ἐπὶ δὲ τῷ πυκνῷ ὠνόμασται τὸ ψυχρὸν καὶ ὁ ζόφος καὶ σκληρὸν καὶ βαρύ· ταῦτα γὰρ ἀπεκρίθη ἑκατέρως ἑκάτερα), das die Aussagen der Verse 56-59 paraphrasiert, hat Diels daher mit gewisser Wahrscheinlichkeit ἀραιόν als Glosse ausgeschieden.

Erläuterungen. 7,1-5. Die Aussage εἶναι μὴ ἐόντα ‚Nichtgegenwärtiges sei gegenwärtig' ist nach Vers 1 ein Verstoß gegen die Logik, oder auch: ein Verstoß gegen den einfachen Sinn der Worte. Keine Macht kann einen derartigen Verstoß rechtfertigen; und schon ein Versuch zur

Rechtfertigung sollte gar nicht unternommen werden. Vielmehr (ἀλλά, Vers 2) muß man sein Denken von ‚diesem' Weg, das heißt: von einem Weg, der zu solchen Konsequenzen führt, fernhalten (Vers 2) und darf sich durch die Gewohnheit nicht dazu drängen lassen (Vers 3), die Sinne und die sprachliche Tradition (γλῶσσα) zur Richtschnur seines Denkens zu nehmen (Vers 4f.). Vor ‚diesem' Weg warnt die Göttin nicht etwa deshalb, weil man auf ihm nur μὴ ἐόντα findet, sondern deshalb, weil dieser Weg notwendig zur Annahme von μὴ ἐόντα führt. Nicht wegen seiner Gegenstände, sondern wegen seiner Konsequenzen wird dieser Weg abgelehnt. Parmenides folgert: Wer sich für sein Sprechen und Denken an den sinnlichen Wahrnehmungen orientiert, bezieht ‚(gegenwärtig)sein' nicht auf den νόος, sondern auf die Sinne; er versteht also ‚(gegenwärtig)sein' als ‚sinnlich (gegenwärtig)sein'; und wer εἶναι als ‚sinnlich(gegenwärtig)sein' versteht, muß zwangsläufig annehmen, es gäbe μὴ ἐόντα. Denn natürlich will auch er nicht behaupten, es gäbe nur das, was die Sinne gerade erfassen; auch er will Existenz nicht auf sinnliche Präsenz beschränken. Da er jedoch εἶναι als ‚sinnlich(gegenwärtig)sein' versteht, muß er, um doch auch von dem, was sinnlich gerade nicht (gegenwärtig) ist, sprechen zu können, annehmen, es gäbe μὴ ἐόντα. Eine solche Annahme ist offensichtlich die logische Konsequenz der falschen Definition. Diese falsche, dem landläufigen Sprechen zugrundeliegende Definition impliziert also eine Behauptung, deren Unsinnigkeit evident ist: die Behauptung εἶναι μὴ ἐόντα verstößt gegen die Grundalternative ἔστιν ἢ οὐκ ἔστιν und damit gegen den Satz vom ausgeschlossenen Dritten.

Der Fehler des hier abgelehnten Weges liegt also nicht darin, daß man auf ihm immer nur μὴ ἐόντα fände – so, als wollte Parmenides die empirischen Phänomene und damit die Welt, in der wir leben, grundsätzlich abwerten –, sondern der Fehler liegt darin, daß man hier infolge der falschen Definition von εἶναι das, was sinnlich nicht gegenwärtig, von dessen Existenz man aber gleichwohl und zurecht überzeugt ist, als nicht-gegenwärtig bezeichnen muß. In Wahrheit ist das, was hier als nicht-gegenwärtig angesprochen wird, gar nicht nicht-gegenwärtig: wäre es nichtgegenwärtig, ließe sich nicht darüber sprechen. Gerade dadurch, daß davon gesprochen wird, ist deutlich, daß es (gegenwärtig) ist. Denn alles Sprechen impliziert nach Parmenides den Akt der Vergegenwärtigung und damit ein (Gegenwärtig)sein. Daher: weil λέγειν immer ein νοεῖν und εἶναι voraussetzt, behauptet der Satz εἶναι μὴ ἐόντα etwas, was qua Definition – und das heißt für Parmenides: nach der wahren Bedeutung der Wörter – unmöglich ist.

Zu einzelnem. Für ἀλλά (Vers 2) als ‚a transition from arguments for action to a statement of the action required' s. Denniston, The Greek Particles[2] S. 13f. – Wie Parmenides hier δαμάζειν, so verwendet Platon ἀναγκάζειν: Crat. 432 C 8, Symp. 202 B 1, Rep. 611 B 10, Theaet. 196 B 10: ‚etwas von der Sache her erzwingen, logisch folgern'; vgl. aber z. B. auch Herodot II 3,2 (ὑπὸ τοῦ λόγου ἐξαναγκαζόμενος) und Antiphon Tetral. A α 9 (τὰ μὲν βιασάμενα ταῦτά ἐστιν ἀσεβῆσαι αὐτόν ‚das sind die Gründe, die zwingend beweisen, daß er sich frevelhaft verhalten hat'). – In Vers 2 und 3 meint ὁδός ein und denselben Weg: von ihm soll man sich fernhalten und auf ihn soll man sich nicht drängen lassen; die zweite, durch μηδὲ eingeleitete negative Formulierung (Vers 3) ist Variation und Explikation der ersten (Vers 2). Ein einfaches Beispiel für das Nebeneinander von positiver und negativer Aussage: Ω 563 καὶ δέ σε γιγνώσκω, Πρίαμε, φρεσίν, οὐδέ με λήθεις; für die Verbindung von positiver und negativer Aufforderung: Θ 243f. αὐτοὺς δή περ ἔασον ὑπεκφυγέειν καὶ ἀλύξαι, / μηδ' οὕτω Τρώεσσιν ἔα δάμνασθαι Ἀχαιούς (vgl. Ο 375f.); für die Verbindung von positiver und negativer Aufforderung bei gleichzeitigem Wechsel des grammatischen Subjekts: Σ 463 θάρσει, μή τοι ταῦτα μετὰ φρεσὶ σῇσι μελόντων (ν 362, π 436, ω 357); Κ 383 θάρσει, μηδέ τί τοι θάνατος καταθύμιος ἔστω; Hes. Erga 27f. Ὦ Πέρση, σὺ δὲ ταῦτα τεῷ ἐνικάτθεο θυμῷ, / μηδέ σ' Ἔρις κακόχαρτος ἀπ' ἔργου θυμὸν ἐρύκοι. –

Die Sinneswerkzeuge Auge und Ohr erhalten jedes ein abwertendes Attribut (Vers 4); vgl. B 6,7 κωφοὶ ὁμῶς τυφλοί τε. Wer sich an den Sinnen orientiert, findet sich nicht zurecht und verwickelt sich in Widersprüche. Demgegenüber meint γλῶσσα (Vers 5) die Zunge vermutlich nicht als Organ des Geschmacks – (in diesem Falle wäre ebenfalls ein abwertendes Attribut zu erwarten) –, sondern als Organ der Sprache; diese Bedeutung von γλῶσσα ist altepisch (B 804, Δ 438). In der Sprache sind die üblichen Meinungen fixiert (B 8,38f.; 9,1; 19,3); Sprache ist daher die Summe dessen, was unter Menschen in Geltung (B 6,8 νενόμισται) und unter ihnen an Meinungen (B 8,53.61 γνῶμαι) verbreitet ist. Insofern ist die Sprache kein Mittel sicherer Erkenntnis, sondern Ausdruck der δόξαι.

7,5-8,4. Nicht auf dem gewohnten Wege soll man gehen, sich nicht von den Sinnen und dem üblichen Sprechen abhängig machen (B 7,2-5), sondern man soll die von der Göttin vorgetragene ‚Widerlegung' rational prüfen (7,5f.). ‚Widerlegt' hat die Göttin den gewohnten Weg der Menschen dadurch, daß sie zunächst in B 2 die Grundalternative entwickelte und dann in B 6 und 7 zeigte, daß die Menschen gegen den Ausschließlichkeitscharakter eben dieser Grundalternative und damit gegen das Gesetz vom Widerspruch verstoßen; ihr übliches Denken und Sprechen ist ein dauerndes Verstoßen gegen das Gesetz vom ausgeschlossenen Dritten und verwickelt sich daher zwangsläufig in Widersprüche (B 6,8-9). Wer bis hierher gefolgt und bereit ist, auf rationale Argumente zu hören, wird sich der Konsequenz der Darlegung nicht entziehen können; dessen ist die Göttin sicher. Zwar weiß sie auch, daß ihre Argumentation die üblichen Anschauungen gegen sich hat, also streitbar und polemisch (πολύδηρις, Vers 5) sein muß. Doch ist sie von der logischen Evidenz ihrer Darlegung überzeugt, und so schließt sie zuversichtlich mit der Aufforderung, den eigenen Verstand zu gebrauchen. Wer das tut, versteht den Ausschließlichkeitscharakter der Grundalternative und sieht sich daher vor der Frage: was also bedeutet ‚(gegenwärtig)sein'?

Mit dem Imperativ ‚beurteile, entscheide' (Vers 5) ist die Widerlegung des Falschen abgeschlossen. Wer die Grundalternative ἔστιν ἢ οὐκ ἔστιν richtig – und das heißt: in ihrem absoluten ‚entweder – oder' – versteht, der weiß, daß über οὐκ ἔστιν, also über das Nicht-gegenwärtige, kein Wort zu verlieren ist. Denn das μὴ ἐόν ist eben qua Definition ἀνώνυμον und ἀνόητον. Der ‚Weg' des μὴ ἐόν also kann nicht in Frage kommen (B 6,3). Wer dagegen die Grundalternative falsch versteht, und das heißt: wer ‚gegenwärtigsein' nicht in absolutem Sinne versteht – (nämlich: etwas ist zwar nicht gegenwärtig, aber es ist deswegen doch) –, der verstößt gegen das Gesetz des ausgeschlossenen Dritten und verwickelt sich in logische Widersprüche. Auch dieser Weg also kann nicht in Frage kommen (B 6,4ff.; 7,2f.). So bleibt als mögliche Aufgabe allein übrig eine Beschreibung der positiven Seite der richtig verstandenen Grundalternative, also des Weges ὡς ἔστιν (B 8,1-2; für δέ, Vers 1, im Sinne von γάρ, οὖν, δή s. Denniston, The Greek Particles[2] 169-171). Mit anderen Worten: Die Argumentation der Göttin führt zu der Frage: wenn der Satz ‚etwas ist (gegenwärtig) oder ist nicht (gegenwärtig)' in ausschließendem Sinne verstanden werden muß, was bedeutet denn ‚(gegenwärtig)sein'?

Auf eben diese Frage antworten die Verse B 8,2-49. Sechs Prädikate (Vers 3 und 4) nennen zunächst verschiedene Aspekte, unter denen der Grundbegriff ‚(gegenwärtig)sein' gesehen werden soll; anschließend werden in den Versen 5-49 eben diese Prädikate entfaltet.

In Vers 3 ist ἐόν nicht Partizip, sondern als Grundbegriff Subjekt. Zwar benutzt Parmenides die Form ὄν im zweiten Hauptteil auch untechnisch als Partizip (B 8,57); doch wer unter Hinweis auf scheinbare epische Parallelen (Δ 534, K 114, Π 624, Φ 589, h.Merc. 406) einen solchen Sprachgebrauch auch hier annehmen wollte, müßte neben dem Partizip ἐόν ein zweites ἐόν als Satzsubjekt ergänzen.

Schon das scheint nicht gut möglich. Entscheidend sind sachliche Gründe. Die ‚vielen Zeichen', die nach Vers 2f. diesen Weg charakterisieren, sind nicht etwa Zeichen *dafür, daß* Seiendes, da ungeworden, auch unvergänglich, ganz usw. ist (in diesem Fall hätte man σήματα als Beweise zu verstehen und dann anzunehmen, daß die angekündigten Beweise in den Versen 5ff. folgen. Die Verse 5ff. sind jedoch weit entfernt, derartiges zu beweisen). Vielmehr bestehen die vielen Zeichen dieses Weges *darin, daß* Seiendes ungeworden, unvergänglich, ganz usw. ist. Kurz: Die vielen Zeichen, die sich auf diesem Wege finden, sind die in Vers 3 und 4 genannten sechs Prädikate. In den Versen 2-4 wird also der Weg ὡς ἔστιν als die eine Seite der Grundalternative in einer Weise charakterisiert, die in strengem Gegensatz zur Charakterisierung der anderen Seite steht: Das μὴ ἐόν ist unerkennbar und namenlos (B 2,6-8; B 8,17); über das ἐόν dagegen lassen sich Aussagen machen, da es hier viele Zeichen gibt, die den Sinn von ‚(gegenwärtig)-sein' verdeutlichen.

ἀγένητον ἀνώλεθρον: Ungeachtet der Tatsache, daß die Götter des Mythos durchaus geboren werden, heißen sie die „immer seienden"; übliche epische Attribute sind θεοὶ αἰὲν ἐόντες, αἰειγενέται, ἀθάνατος καὶ ἀγήραος ἤματα πάντα. Hesiod identifiziert die ewigen Götter (μακάρων γένος αἰὲν ἐόντων) mit dem, was ist, sein wird und war (τά τ' ἐόντα τά τ' ἐσσόμενα πρό τ' ἐόντα). Dann hatte Anaximander sein ἄπειρον als ἀθάνατον und ἀγήρων bezeichnet (VS 12 B 2 und 3). Und jetzt ersetzt Parmenides die mythischen Wörter ‚ohne Tod' und ‚ohne Alter' durch den nüchterneren Begriff ‚ohne Vernichtung' (ἀνώλεθρον) und bildet darüber hinaus als erster den Begriff ‚ungeworden' (ἀγένητον), der in den Redeweisen des Mythos allenfalls angelegt war. Tatsächlich sind die Wörter ἀγένητος und ἀνώλεθρος zuerst bei ihm belegt. Denn ἀγένητον bei Heraklit VS 22 B 50 ist schwerlich authentisch; das Wort später bei Empedokles VS 31 B 7, Gorgias VS 82 B 11 a 23, Sophokles Trach. 743. Und Neubildung scheint auch ἀνώλεθρος zu sein; denn die Bemerkung des Aristoteles über Anaximander (Phys. 203 b 13 = VS 12 B 3) gibt mit ἀθάνατον γὰρ καὶ ἀνώλεθρον kaum die authentische Formulierung, sondern referiert mit Hilfe einer akademischen Wendung (Plat. Phd. 88 B 5, 95 B 9, 106 B 2. C 10. E 1. E 9, Tim. 52 A 1, Epin. 981 E 7). Seiendes also ist ungeworden und unvergänglich: Damit übernimmt und entfaltet Parmenides jene Aussagen, die Homer und Hesiod über die Götter, Anaximander über seinen Grundbegriff gemacht hatten.

οὖλον: ‚ganz' im Sinne von vollständig und ungeteilt (ρ 343, ω 118). Eigentümlich exponiert war das Wort bei Xenophanes, der im Bestreben, von Gott gerade nicht anthropomorph zu reden, über ihn nur solche Aussagen gemacht hatte, die menschlicher Vorstellungsweise widersprechen; so hatte er u. a. formuliert: „Als ganzer sieht er, als ganzer vernimmt er, als ganzer hört er" (VS 21 B 24 οὖλος ὁρᾷ, οὖλος δὲ νοεῖ, οὖλος δέ τ' ἀκούει). Während der Mensch in verschiedene Körperteile gegliedert ist, die ihre besonderen Fähigkeiten haben, gilt für Gott eine solche Differenzierung nicht: Was immer er tut, tut er nicht mit diesem oder jenem seiner Teile, sondern als ganzer. In diesem Sinne ‚ganz', d. h. ohne irgendeine Unterteilung, ist nach Parmenides auch das Seiende. Für weitere Beziehungen zu Xenophanes s. S. 172 zu Vers 29, S. 176 zu Vers 43.

μουνογενές: ‚einzig', wird sonst nur vom einzigen Kind der Eltern gesagt (Hesiod Th. 426.448, Op. 376). Der Widerspruch zwischen ‚einzig geboren' (μονογενές) und ‚ungeworden' (ἀγένητον) ist nur scheinbar; der zweite Bestandteil komponierter Adjektive abundiert gelegentlich schon in früher Zeit und seine Bedeutung wird nicht mehr empfunden; dazu s. Wilamowitz im Herakles-Kommentar zu 689; auch E. Bruhn im Anhang zur Sophokles-Ausgabe von Schneidewin-Nauck, Berlin 1899, p. 144. Speziell für μονογενής vgl. noch Herodot II 79,3, wo die beiden Wörter μουνογενέα γενέσθαι unmittelbar nebeneinander stehen; ferner VII 221; Plat. Tim. 31 B, 92 C.

ἀτρεμές: ‚regungslos, ohne Schwanken'. Das Wort wird im alten Epos nur als adverbielle Bestimmung gebraucht; Semonides spricht dann vom bewegungslosen Meer, das die Schiffer erfreut (7,37 D. θάλασσα ἀτρεμής).

ἠδ' ἀτέλεστον: Die häufig angezweifelte Überlieferung läßt sich vielleicht rechtfertigen, wenn ἀτέλεστον nicht als ‚unvollendet', sondern als ‚erfolglos' verstanden wird. Ein πόνος ἀτέλεστος (Δ 26.57) ist nicht eine unvollendete Arbeit, sondern eine Mühe, die ihr Ziel nicht erreicht hat; und entsprechend heißt es, daß eine Reise nicht ohne Verwirklichung der ins Auge gefaßten Absicht bleiben wird (β 273 οὔ τοι ἔπειθ' ἀλίη ὁδὸς ἔσσεται οὐδ' ἀτέλεστος). ἠδ' ἀτέλεστον als das letzte der sechs Prädikate würde dann besagen, daß Sein ‚ohne Verwirklichung eines Zieles oder einer Absicht' ist; Seiendes im Sinne des Parmenides hat keine Tendenz, ist nicht auf Zukunft hin angelegt. Bei dieser Deutung besteht kein Widerspruch zu Vers 32 und 42. Wird ἀτέλεστον dagegen als ‚unvollendet' verstanden, ist eine Änderung in οὐδ' ἀτέλεστον (Brandis) oder ἠδὲ τελεστόν (Covotti) unvermeidlich.

Seiendes, wie es durch die sechs Prädikate verdeutlicht wird, ist nicht Stadium eines zeitlichen Prozesses, ist nicht das Gegenwärtige in seiner Relation zum Vergangenen und Zukünftigen, sondern das immer Gegenwärtige (ἀγένητον ἀνώλεθρον); es ist in sich ohne Differenzierung (οὖλον); es ist einzig und neben ihm gibt es kein anderes (μουνογενές); es ist ohne Bewegung und Veränderung (ἀτρεμές); es bedarf nicht der Verwirklichung in der Zukunft, ist in sich vollendet (ἀτέλεστον).

Was hier mit den sechs Prädikaten charakterisiert wird, ist offenbar nichts anderes als das ideal Seiende, das vom real Seienden, das Anfang und Ende hat, sich verändert, usw., streng zu unterscheiden ist. Wir stehen vor der Entdeckung, daß z. B. eine Aussage wie „In der embryonalen Phase entstehen die Knaben rechts, die Mädchen links" (B 18) einen Sachverhalt meint, von dem es unsinnig wäre anzunehmen, er habe Anfang und Ende, verändere und entwickele sich. Auch und gerade hier gilt: Es ist (so) oder es ist nicht (so); und wenn es so ist, dann ist damit in der Tat ein Seiendes gemeint, das ohne Anfang und Ende, ohne Differenzierung, einzig, bewegungslos, in sich vollendet und also ‚definiert' ist (s. auch in der Einleitung S. 126-128). Mit anderen Worten: Parmenides versucht seinen Grundbegriff in der Weise zu verdeutlichen, daß er für ihn gerade solche Faktoren verneint, die für die empirische Welt charakteristisch sind (zeitlicher Prozeß, quantitative und qualitative Differenz, Vielfalt, Bewegung, Entwicklung).

5-49. Die Verse erläutern die sechs Prädikate. Eindeutig ist die Zuordnung von 5-21 zu ἀγένητον und ἀνώλεθρον; die Verse 22-25 lassen sich als Erläuterung von οὖλον, 26-33 als Erläuterung von ἀτρεμές verstehen; für 34-41 kann μουνογενές, für 42-49 ἀτέλεστον (oder τελεστόν) als Stichwort gelten. Möglich, obgleich weniger wahrscheinlich, wäre aber vielleicht auch, ἀτρεμές auf 26-28, ἀτέλεστον auf 29-33, μουνογενές auf 34-41 zu beziehen und 42-49 als freien Abschluß zu betrachten. Jedenfalls, daß es hier nicht ohne Wiederholung und Überschneidung abgeht, liegt auf der Hand (so begegnet ξυνεχές nicht nur in Vers 25 bei der Erläuterung von οὐδὲ διαίρετον = οὖλον, sondern auch schon in Vers 6; vgl. ferner οὐκ ἀτελεύτητον in Vers 32 mit τετελεσμένον in Vers 42); auch die sechs Prädikate selbst sind ja kaum rein voneinander zu trennen.

5-21. ‚Ist' kann in die Opposition zu ‚war' und ‚wird sein' gestellt und dann als ‚ist gegenwärtig' im temporalen Sinne verstanden werden. Gegen dieses vielleicht nächstliegende Mißverständnis dessen, was Parmenides mit ‚Sein' meint, wenden sich die Verse 5-21. Sein im hier gemeinten Sinne fällt gerade nicht unter die zeitliche Kategorie. Es ist z. B. nicht sinnvoll zu sagen ‚13 war eine Primzahl'; und auch derjenige, der sagen wollte ‚13 war, ist und wird eine Primzahl sein' (Vers 5) würde immer noch den Eindruck hervorrufen, es handele sich hier um einen Vorgang, der zwar immer und gleichsam in ewiger Dauer, aber eben doch in der Zeit abliefe. Statt dessen handelt es sich nach Parmenides um einen atemporalen Sachverhalt, der ‚jetzt' zugleich ganz, einer und zusammenhängend ist; d.h., der in einem Jetzt existiert, das aus der Zeit herausgehoben ist. Ein solches ‚ist' hat weder Anfang noch Ende: es kann weder entstehen noch vergehen.

Die Ausführungen richten sich zunächst nur gegen das Entstehen. Die mit γάρ eingeleitete Frage (Vers 6) begründet die vorausgehende Aussage ὁμοῦ πᾶν ἓν συνεχές. Die Argumentation verläuft etwa so: Alles was sich in der Zeit entwickelt, ist in Perioden gegliedert und hat daher auch ein Herkommen. Was kein Herkommen hat, ist ungegliedert und daher ohne Entwicklung. Nun hat Seiendes aber kein Herkommen (wie ab Vers 7 gezeigt wird): Also ist es ‚jetzt' ganz, eines, zusammenhängend (=ununterbrochen, nicht periodisiert, atemporal).

Die in Vers 6 erhobene Frage nach der Entstehung wird im Anfang von Vers 7 entfaltet: Entstehung in welcher Weise und woher? Die Art der Frage verlangt, daß die Möglichkeit des Entstehens jedenfalls nicht nur mit einem einzigen Argument abgewiesen wird. Tatsächlich folgt denn auch eine zweiteilige Antwort: Dem οὔτε in Vers 7 korrespondiert οὐδέ in Vers 12; wie z.B. in ν 207f. Dazu s. Kühner-Gerth II p. 290 g: „οὔτε .... οὐδέ verhalten sich gerade ebenso wie τέ .... δέ und bedeuten daher: weder .... noch auch, wenn das zweite Glied zu dem ersten in dem Verhältnis eines Gegensatzes oder einer Steigerung steht". Vers 12 lehnt also eine zweite Möglichkeit ab, die zur erstgenannten (Vers 7) in einem besonderen Verhältnis steht. Zunächst heißt es (Vers 7): Seiendes kann nicht aus Nichtseiendem entstehen. Denn die gegenteilige Annahme würde mit dem Nichtseienden als einem Etwas rechnen, von dem etwas erkannt und gesagt werden kann; was gegen die Definition des Nichtseienden verstoßen würde (Vers 8 οὐ γὰρ φατὸν οὐδὲ νοητόν / ἔστιν ὅπως οὐκ ἔστι). Wird aber die Definition des μὴ ἐόν beim Wort genommen, ist kein Grund erkennbar, daß aus diesem Nichts heraus irgendwann etwas hätte beginnen sollen (Vers 9 τί δ' ἄν μιν καί χρέος ὦρσεν / ὕστερον ἢ πρόσθεν, τοῦ μηδενὸς ἀρξάμενον, φῦν). Das bedeutet: Das ausschließende ‚oder' läßt durchaus keine Entwicklung, keinen Übergang, keine Vermittlung zu zwischen den beiden Komponenten der Grundalternative (Vers 11). Die zweite Erwägung aber, mit der die Frage nach der Entstehung des Seienden negativ beantwortet wird, lautet: Selbst aber wenn wir mit dem Nichtseienden als einem Etwas rechnen wollten – jedenfalls dem Wortlaut nach haben wir das in Vers 9/10 schon dadurch getan, daß wir sagten: Es gibt keinen Grund, daß Seiendes aus *Nichtseiendem* anfängt zu wachsen –: Dann könnte aus ihm, dem Nichtseienden, doch nichts anderes entstehen als es selbst. Nichtseiendes also produziert jedenfalls kein Seiendes. Und so verbietet sich auch von hier aus die Annahme, Seiendes könnte entstehen. Insofern läßt sich in poetisch-mythischer Redeweise sagen: Dike, die personifizierte sachliche und logische Notwendigkeit (zu Δίκη und δίκη s. oben S. 135, 136 f.), hält das Sein in Banden fest (13-15).

In Dike ist der logische Zwang der Grundalternative personifiziert, die als der Ausgangspunkt aller Überlegungen hier ein weiteres mal (vgl. B 2) vorgeführt wird: zunächst in der einfachen Form ἔστιν ἢ οὐκ ἔστιν (16), dann erweitert mit Hilfe des Wegbildes (17-18). Dazu s. oben S. 85ff. Der ‚Weg' οὐκ ἔστιν – oder das μὴ ἐόν – ist οὐκ ἀληθής, nicht evident (oben S. 90-98), verborgen, verschlossen, unerfahrbar (B 2,6 παναπευθής); der ‚Weg' ἔστιν – oder das ἐόν – dagegen ist evident, zugänglich, wirklich, gegenwärtig.

Im Rahmen der Grundalternative verhindert die Kraft des ausschließenden ‚oder', daß es zwischen ‚ist' und ‚ist nicht' eine Entwicklung gibt. Was in diesem – durch ‚oder' gleichsam fixierten – Sinne *ist*, soll sich daher nach Parmenides nicht in der zeitlichen Dimension erstrecken: es wurde nicht und wird nicht sein; denn Aussagen wie ‚wurde' und ‚wird sein' implizieren ein ‚ist nicht' und implizieren Entwicklung (19-21).

Zu einzelnem. ὁμοῦ (5) ‚zugleich' setzt eigentlich mindestens zwei Größen voraus, zwischen denen eine Beziehung besteht. Parmenides meint jedoch ‚jetzt zugleich ganz' im Gegensatz zu etwas, das Vergangenheit, Gegenwart und Zukunft hat, sich in der Zeit entwickelt und daher in keinem Augenblick ‚zugleich ganz' ist.

πῇ (7) könnte zwar auch ‚wohin' bedeuten. Doch damit würde gegenüber Vers 6 eine neue Frage eingeführt, und zudem in höchst mißverständlicher Weise. Angesichts der Gedankenführung des Abschnitts 6-13 – die Verse 7-13 beantworten die in 6 gestellte Frage – und angesichts der syntaktischen Konstruktion des Partizips liegt daher die Auffassung näher, daß die Worte πῇ πόθεν αὐξηθέν lediglich die vorangehende Frage nach dem Herkommen explizieren. Dabei ist das Partizip αὐξηθέν in leichtem Anakoluth auf αὐτοῦ bezogen. Für solche Erscheinungen s. grundsätzlich Kühner-Gerth II p. 105-113. Dafür daß eine Frage nicht mit einem verbum finitum, sondern partizipial weitergeführt wird, vgl. z.B. Empedokles VS 31 B 17,32; Plat. Phd. 74 B 2-4, 76 C 4-6, Phil. 30 A 3-5.

Zum Satz οὐ γὰρ .... (8) s. oben S. 122. – Zu den singulären Infinitivformen φῦν (10) und πελέναι (11) s. Schwyzer I 808; s. auch die singuläre Form ὀνόμασται (B 9,1).

τι παρ' αὐτό (13) ‚etwas neben ihm' im Sinne von ‚etwas anderes als es selbst'. Für παρά in diesem Sinne vgl. Herodot II 160, 1; Aristoph. Nub. 698; Plat. Gorg. 507 A 2, Rep. 337 D 1, Phd. 74 A 11, Leg. 754 E 3; Xenoph. HG I 5,5; Demosth. 18, 139; 20,160.

Verbindungen mit ἕνεκα (13) können „je nach dem Zusammenhang den Grund oder den Zweck angeben". W. Porzig, Die Namen für Satzinhalte im Griechischen und im Indogermanischen, Berlin 1942, 169. Das Wort ist daher nicht „eine allgemein kausale Präposition, sondern bedeutet nur: im Hinblick auf" (H. Fränkel). In unserm Zusammenhang geben die Verse 7-13 weder Grund noch

Zweck des mit τοῦ εἵνεκεν eingeleiteten Satzes an. Denn natürlich will Parmenides nicht sagen: „*Weil* Seiendes nicht entsteht, *deshalb* hält Dike es fest"; sondern sein Gedanke lautet: „*Weil* Seiendes nicht entsteht, *deshalb* läßt sich auch sagen: Dike hält es fest". Mit anderen Worten: Der mit τοῦ εἵνεκεν eingeleitete Satz gibt in mythischer Form eine Zusammenfassung dessen, was in 7-13 gesagt ist. τοῦ εἵνεκεν hier also etwa: im Blick darauf, dementsprechend, insofern.

Die Verse 17-18 enthalten eine Brachylogie (dazu Kühner-Gerth II p. 560-71). Dem negativen ἐᾶν muß ein affirmatives Verbum sentiendi oder dicendi entnommen werden; etwa: „Den einen (Weg) beiseite lassen, den anderen aber als von der Art ansehen, daß ..." Speziell für ἐᾶν in brachylogischen Formulierungen vgl. E 819-21; Herodot VII 104,5; IX 2,1; Thukydides V 41,2. Für ὥστε mit Infinitiv s. besonders Kühner-Gerth II p. 5 Anm. 1, p. 8 Anm. 6, p. 11 Anm. 9. – ἐτήτυμος (18) variiert ἀληθής, um eine Wiederholung desselben Wortes an nahezu gleicher Versstelle zu vermeiden.

Die Verdoppelung der Modalpartikel ἄν κε (19) schon N 127 (Λ 187. 202, ε 361, ι 334). – Für Bergks Korrektur ἔγεντ' (20) s. Hesiod Theog. 199.283.705; Alkman 1,89 Page; Sappho 42,1 LP; Theognis 640.661; dazu J. Wackernagel, Sprachl. Unters. zu Homer, Göttingen 1916, 173-75; Schwyzer I 678f.

22-25. Die Verse erläutern das Prädikat οὖλον ‚ganz' (dazu oben S. 164 und 166) und wenden sich gegen ein materiell-räumliches Mißverständnis von Sein. Während alles, was die Sinne wahrnehmen, in sich gegliedert ist und ein Mehr oder Weniger kennt, ist das Seiende des Parmenides dadurch charakterisiert, daß genau diese für die empirische Welt gültigen Unterschiede hier nicht zutreffen: Es ist ungegliedert, da ganz gleich. Und wie die Gleichheit den Mangel an Gliederung begründet, so ist sie auch der Grund dafür, daß es kein Mehr oder Weniger, keine Verdichtung oder Verdünnung – Begriffe, mit denen schon vor Parmenides Vorgänge in der empirischen Welt erklärt wurden – gibt.

Soll in Vers 22 die Begründung schlüssig sein, soll also die Gleichheit oder Gleichmäßigkeit (ἐπεὶ πᾶν ἐστιν ὁμοῖον) das Prädikat οὐδὲ διαιρετόν begründen, so darf διαίρετον nicht als ‚geteilt' übersetzt werden. Denn was gleich oder gleichartig ist, läßt sich durchaus teilen. Wohl aber läßt sich korrekterweise sagen, daß Gleichartiges nicht gegliedert, unterteilt, unterschieden, differenziert werden kann. Für welche Deutung auch Vers 25 spricht; denn wenn dort ‚Seiendes an Seiendes stößt', so ist auch das kaum vereinbar mit einer Unteilbarkeit des Seienden, wohl aber damit, daß Seiendes in sich nicht differenziert ist. Auch hier also befinden wir uns auf der logischen Ebene.

Die Schwierigkeiten, vor denen Parmenides stand, als er erstmals so etwas wie Homogenität und Identität sprachlich zu erfassen suchte, sind kaum zu überschätzen und sind auch heute noch erkennbar. Denn abgesehen davon, daß die von ihm hier benutzten Ausdrücke ('zusammenhängen, voll sein von, sich nähern') von Haus aus empirische Vorgänge meinen: Diese Ausdrücke setzen im Grunde immer mindestens zwei Größen voraus, die zueinander in Beziehung gebracht werden; während Parmenides gerade etwas Homogenes und Identisches beschreiben will. Bezeichnenderweise hat später denn auch Aristoteles eines der von Parmenides verwendeten Wörter (συνεχές) als Terminus in einem ganz anderen Sinne gebraucht, wobei übrigens auch die Wörter ‚teilbar', ‚mehr', ‚weniger' und ‚gleich' auftauchen: Phys. 231 b 16 πᾶν συνεχὲς διαιρετὸν εἰς αἰεὶ διαιρετά (Jedes Kontinuum ist immer in weiter teilbare Teile teilbar); Eth. Nic. 1106 a 26 ἐν παντὶ δὴ συνεχεῖ καὶ διαιρετῷ ἔστι λαβεῖν τὸ μὲν πλεῖον, τὸ δ' ἔλαττον, τὸ δ' ἴσον (Man kann bei allem, was ein Kontinuum und teilbar ist, ein Mehr, ein Weniger und ein Gleiches fassen).

In Vers 23 (und 24) ist τι nicht etwa grammatisches Subjekt, sondern οὐδέ τι bedeutet wie häufig im alten Epos ‚und nicht etwa, und gar nicht, und keineswegs'. Dementsprechend bezieht sich τό nicht auf τι, sondern auf die ganze voraufgehende Aussage; wie z.B. in A 563, Γ 176, H 239. – Für die Verbindung des Adverbs μᾶλλον (23) mit εἶναι s. oben S. 113 Nr. 8; vgl. auch K 223, ϑ 154, σ 22.

26-33. Die Verse erläutern das Prädikat ἀτρεμές ‚ohne Schwanken, unbeweglich' (Vers 4). Dabei gründet, wie der ἐπεί-Satz in Vers 27 zeigt, der Charakter der Unbeweglichkeit in der Zeitlosigkeit, die in den Versen 5-21 ‚evident bewiesen' (Vers 28) ist: Was weder Werden noch Vergehen, weder Anfang noch Ende kennt und nicht in die zeitliche Dimension fällt, kennt auch keine Bewegung und keine Veränderung. Auf die Zwangsläufigkeit, die hier waltet, weist nachdrücklich hin der aus älterer Dichtung übernommene metaphorische Ausdruck in Vers 26 (‚in den Grenzen gewaltiger Fesseln'; variiert in Vers 30-31). ‚Unbeweglich sein' bedeutet, wie Vers 29 verdeutlicht: als dasselbe in demselben für sich fest auf der Stelle verharren. Und was – infolge der Alternative ‚es ist (so) oder es ist nicht (so)' – derartig fixiert und jeder Bewegung entzogen ist, ist notwendigerweise vollkommen und sich selbst genug (Vers 32 und 33).

Zu einzelnem. Für πίστις ἀληθής (Vers 28) s. oben S. 95. – ἐν ταὐτῷ μένειν (Vers 29) ist fester Ausdruck für ‚stabil in einem Zustand bleiben': Xenophanes VS 21 B 26; Herodot I 5,4; Sophokles fr. 102,3 N.; Epicharm 170,15; Thukydides VII 49,3; Euripides Tro. 350, Ion 969, Hel. 1026, fr. 201 N. Daß Xenophanes, der den ältesten Beleg liefert (αἰεί δ' ἐν ταὐτῷ μίμνει κινούμενος οὐδέν / οὐδὲ μετέρχεσθαί μιν ἐπιπρέπει ἄλλοτε ἄλλῃ), auch hier Parmenides beeinflußt hat, ist m. E. mehr als wahrscheinlich; denn auch er hatte etwas zu beschreiben versucht, was sich der sinnlichen Vorstellung entzieht. Und wo in diesem Zusammenhang Xenophanes οὐδὲ ἐπιπρέπει sagt, sagt Parmenides οὐ ϑέμις. – Der hier erstmals begegnende und für die spätere Philosophie so wichtige Ausdruck καϑ' αὐτό ‚für sich' (Vers 29) ist von Parmenides aus einer schon im Epos belegten Ausdrucksweise entwickelt: A 271 καὶ μαχόμην κατ' ἔμ' αὐτὸν ἐγώ ('ich kämpfte für mich', d.h. alleine, als Einzelkämpfer, nicht in der Gruppe); B 366 κατὰ σφέας γὰρ μαχέονται ('die einzelnen Truppenteile kämpfen für sich', d.h. getrennt von den anderen, so daß jeder zeigen muß, was in ihm steckt; so wird ihre Qualität, ihr Wesen ‚an und für sich' deutlich). Was im Sinne des Parmenides *ist*, ist bewegungslos für sich, d.h. isoliert, frei von Beeinflussung, jenseits der Welt sinnlicher Erfahrung. – Das Seiende ist vollkommen und ohne Mangel (Vers 32-33): als eines, das unvollkommen ist und Mangel hat (ἐπιδευές und ἀτελεύτητον ἐόν), würde es dagegen ‚alles' vermissen lassen. In dieser Weise läßt sich Vers 33 verstehen, wenn man mit Bergk das überlieferte μή tilgt. Dabei bedeutet dann παντὸς ἐδεῖτο nicht ‚ihm würde alles – oder jedes – fehlen' – das wäre eine völlig unbegründete Aussage –, sondern vielmehr: es müßte dann auf das wichtige Prädikat ‚ganz' verzichten.

34-41. Die Verse können als Entfaltung des Prädikats μουνογενές ‚einzig' (Vers 4) verstanden werden (dazu oben S. 166). Dem Akt des νοεῖν korrespondiert allein das εἶναι; denn das ἐόν ist der Grund, das Woraufhin des νοεῖν. Daher kann es νοεῖν ohne εἶναι nicht geben: wo νοεῖν, dort auch εἶναι; und neben dem ἐόν ist daher nichts anderes. So gründet die Einzigkeit des Seienden darin, daß der Akt des νοεῖν immer nur auf Seiendes trifft (oder: daß Erkennen und Sein identisch sind), und sie gründet ferner, wie Parmenides hinzufügt (Vers 37/38), in der Ganzheit und Unbeweglichkeit des Seienden. Was unter die Alternative ‚es ist (so) oder es ist nicht (so)' fällt und durch das ausschließende ‚oder' fixiert ist, das ist in der Tat einzig: Der Sachverhalt, der in dem Satz ‚Der Abendstern ist der Morgenstern' gemeint ist, erlaubt keine Vervielfältigung: er ist ganz und unbeweglich. Demgemäß ist alle Beschreibung der Eindrücke, die die Menschen von ihrer Welt haben, d.h. also: ist alle Beschreibung der empirischen Welt, die als solche durch vielfältige Veränderungen charakterisiert ist (Vers 40/41), bloßer Name. Womit jedoch die Beschreibung nicht überflüssig wird; wie ja auch die Eindrücke und überhaupt die Welt der Erfahrung grundsätzlich in Geltung bleiben (dazu oben S. 72-78). Die Schwäche menschlicher Erkenntnis der Umwelt gründet nicht in der menschlichen Natur, sondern in der Natur des Gegenstandes (oben S. 80 f.). Die Defizienz von Erfahrung, Beobachtung und Beschreibung durchschauen heißt daher nicht etwa, auf sie verzichten zu können oder auch nur zu wollen; die Menschen können sich von ihnen gar nicht distanzieren, da sie immer schon in ihnen stehen. Der Fehler der Menschen liegt nicht darin, daß sie δόξαι haben und ihre Eindrücke beschreiben, sondern darin, daß sie meinen, ihre Erfahrungen und Beschreibungen der Welt seien evident (Vers 39): Evidenz hat ihren Ort nicht in der Welt der Erfahrung, sondern allein in der logischen und ontologischen Sphäre (dazu oben S. 80-85).

Zu einzelnem. Zu Vers 34 s. oben S. 104, S. 119-121 und S. 143 ff. zu B 3. – Zu Vers 35 (ἐν ᾧ πεφατισμένον ἐστίν) s. oben S. 123 f. – μοῖρ' ἐπέδησεν ‚das Geschick hat gebunden' (Vers 37) meint die Zwangsläufigkeit, die logische bzw. sachliche Evidenz, mit der das eine aus dem anderen folgt: Das Seiende, wie Parmenides es verstanden wissen will, ist notwendigerweise ganz und unbeweglich. Die Zwangsläufigkeit, die namentlich dort vorliegt, wo etwas logisch evident ist, bringt Parmenides immer wieder in verschiedenen Formen zur Sprache: χρή mit verwandten Formen (B 1,32; B 2,5; B 6,1; B 8,11.45.54; ἀνάγκη B 8,16.30; δίκη (Δίκη) B 1,14.28; B 8,14; θέμις B 1,28, B 8,32; δαμῇ B 7,1. – τῷ πάντ' ὄνομ' ἔσται (Vers 38): Daß Sprache nicht nur der Mitteilung und Verständigung, sondern auch der Irreführung dient, ist eine altbekannte Sache: ι 414 (ὡς ὄνομ' ἐξαπάτησεν ἐμὸν καὶ μῆτις ἀμύμων), Solon 11,7 W. (ἐς γὰρ γλῶσσαν ὁρᾶτε καὶ εἰς ἔπη αἱμύλου ἀνδρός, / εἰς ἔργον δ' οὐδὲν γιγνόμενον βλέπετε). Parmenides wendet diese partielle Schwäche der Sprache ins Grundsätzliche: Worte und Namen geben immer nur Eindrücke wieder, die die Menschen von der Welt haben; Sprache ist insofern Summe und Spiegel der Erfahrung und steht wie diese im Gegensatz zur Evidenz (B 7,5; dazu oben S. 161.). Es heißt daher nicht ‚alles ist *nur* Name‘, sondern ‚alles ist Name‘. Für die allgemeine Antithese ‚Benennung und Wirklichkeit‘ s. F. Heinimann, Nomos und Physis 46-56. – Das Futurum hat keine temporale, sondern logische Bedeutung (‚futurum consequentiae‘ Diels), wie z. B. bei Plat. Crat. 385 D 6. ‚Futuro saepe id significatur quod non tempore, sed concludendo consequens est‘ (Bonitz im Aristoteles-Index Sp. 754,55).

42-49. Hier wird im Sinne einer abschließenden Charakterisierung das Prädikat ‚vollendet‘ (Vers 4; dazu S. 165) erläutert. Das Seiende ist ‚begrenzt‘, es liegt in Banden und Grenzen (Vers 26 und 31); es ist stabil, da durch das strenge ‚entweder – oder‘ fixiert. Mit anderen Worten: Das Seiende, vom νόος vergegenwärtigt und erkannt, ist ‚definiert‘ (Später sind dann in diesem Zusammenhang Wörter wie ὅρος ‚Grenze, Definition‘ und ὁρίζειν ‚begrenzen, definieren‘ terminologisch geläufig. Platon hat wiederholt den Vorgang des Argumentierens, Beweisens, Widerlegens als ein Fesseln und Binden beschrieben; vgl. etwa Plat. Gorg. 508 E 6ff., Theaet. 165 DE).

Seiendes, vom νόος erkannt, ist durch ihn definiert, d. h. begrenzt; so hat es eine Grenze und ist in sich vollendet: Seiendes, das als solches unter der Grundalternative steht und durch sie charakterisiert ist, hat kein Ziel, bedarf keiner Entwicklung, um sich in der Zukunft zu verwirklichen. Seiendes ist sich selbst genug: ohne Tendenz, eindeutig ‚definiert‘, in sich stabil, ist es wie eine Kugel im Gleichgewicht (Vers 43).

Das tertium comparationis für Kugel und Seiendes ist die Gleichmäßigkeit und Homogenität: wie eine überall gleichgewichtige Kugel ist das Seiende in sich stabil (Vers 44), da es nirgends ein Mehr oder Weniger gibt (Vers 44/45). Weder vom Nichtseienden noch vom Seienden selbst kann diese Homogenität und Stabilität einer in sich geschlossenen Sphäre gestört werden (46-48). Undifferenziert wie es ist, ist das Seiende sich selbst überall gleich: definiert wie eine ausbalancierte Kugel (49).

Zu einzelnem. Ein Komma gehört nicht hinter ἐστί (Vers 42), sondern hinter πάντοθεν (Vers 43): ist eine *Kugel wohlgerundet*, bedarf es nicht des Zusatzes ‚von allen Seiten' (πάντοθεν neben εὐκύκλου σφαίρης wäre ein Pleonasmus); und ferner kann nicht die Vollendung, sondern nur die *allseitige* Vollendung des Seienden durch den Vergleich mit einer Kugel erläutert werden. – Wie Parmenides das Seiende ‚gleich der Masse einer wohlgerundeten Kugel', ähnlich nennt Xenophanes seinen Gott ‚kugelgestaltig' ((Arist.) de Melisso 977 b 1; Sext. PH 1,225, p. 58 M.-M.; Hippol. Ref. I 14, p. 17 W.; Diog. L. 9,19). Die Ähnlichkeit der Ausdrucksweise, die schwerlich auf Zufall beruht, verlangt eine Erklärung. Am wahrscheinlichsten scheint mir, daß beide hier unter dem Einfluß eines Weltbildes stehen, demzufolge die Erde als freischwebende Kugel die Mitte des Kosmos bildet; und in der Tat wurde die Kugelgestalt der Erde und des Kosmos von den Pythagoreern angenommen, nach deren Theorie Mond, Merkur, Venus, Sonne, Mars, Jupiter und Saturn gleichförmige Kreisbewegungen um die im Mittelpunkt des Kosmos gedachte Erde ausführen. Eine solche Vorstellung setzt nun offensichtlich die Konzeption einer überall gleichgewichtigen und so in einem stabilen Zustand verharrenden, unbeweglichen Kugel voraus. Diese Konzeption, einmal gefunden, mußte von nicht geringer Faszination sein und konnte sich daher den Zeitgenossen als bildlicher Ausdruck für einen stabilen Zustand schlechthin anbieten: bei Xenophanes für den Gott, der, im Rahmen menschlicher Vorstellungen grundsätzlich unbegreiflich (VS 21 B 23-25), „immer am selben Ort verharrt, ohne sich zu bewegen" (B 26); bei Parmenides für das in sich geschlossene, unbewegliche, eindeutig definierte Sein. – Die Formulierung in Vers 44/45 wiederholt die Aussage von Vers 23/24, erklärt also noch einmal ἀδιαίρετον ‚ohne Differenzierung'; die folgenden Verse (46-48) erläutern dann die Tatsache des Undifferenziertseins anhand der beiden Möglichkeiten, die zu einer Differenzierung hätten führen können. – Für πελέναι (Vers 45) s. oben S. 169 zu Vers 10 und 11. – εἰς ὁμόν (Vers 47) variiert das epische ὁμόσε ‚an ein und denselben Ort'. – Für οὐκ ἔστιν ὅπως ‚es ist nicht möglich daß' s. Aischylos Agam. 620; Herodot VII 102,2; VII 197,2; Sophokles Aias 378, Ant. 750. – Vers 49 versucht abschließend die Stabilität einer nach jeder Richtung ausbalancierten Kugel zu beschreiben und begründen: sie hat nie die Neigung nach irgendeiner Seite, da sie, von welcher Seite auch betrachtet, sich überall gleich ist. οἷ als Dativ des Reflexivpronomens dürfte gesichert werden durch die Nachbildungen bei Empedokles VS 31 B 28 ἀλλ' ὅ γε πάντοθεν ἶσος ⟨ἑοῖ⟩ καὶ πάμπαν ἀπείρων / Σφαῖρος κυκλοτερής; B 29 ἀλλὰ σφαῖρος ἔην καὶ ⟨πάντοθεν⟩ ἶσος ἑαυτῷ. In den anschließenden Worten (ὁμῶς ἐν πείρασι κύρει) kann das Verbum nach allen epischen und zeitgenössischen Parallelen nur ‚treffen auf' – (keinesfalls aber ‚sein' als abgeblaßtes ‚zutreffen') – heißen: die ‚wohlgerundete Kugel' ist durch ihre ‚gleichmäßige Oberfläche' charakterisiert.

50-61. Die drei Verse 50-52 markieren das Ende des ersten und den Übergang zum zweiten Hauptteil (s. oben S. 62). Die naturphilosophischen Darlegungen dieses zweiten Hauptteils können zwar auf Evidenz keinen Anspruch erheben; doch dieser Mangel gründet primär nicht in Unzulänglichkeiten der Menschen oder gar der Göttin, die prinzipiell überwindbar wären, sondern in der Natur des Gegenstandes bzw. in den grundsätzlichen Bedingungen der Naturerkenntnis. Ort unmittelbarer Evidenz ist allein die Logik, das reine Denken; auf dem Felde der Naturerkenntnis dagegen gibt es nur ein Vermuten und Schließen auf Grund von Symptomen. Wo man daher über Wahrscheinlichkeiten nicht hinauskommt (Vers 60 ἐοικότα), dort ist immer auch die Möglichkeit der Täuschung gegeben (Vers 52 ἀπατηλόν). Im zweiten Hauptteil referiert Parmenides also nicht die Irrtümer irgendwelcher Menschen, sondern er gibt eine Darstellung und die bestmögliche Erklärung der Eindrücke, die die Menschen von der Welt haben. Zur erkenntnistheoretischen Problematik, wie Parmenides und andere sie seinerzeit entwickelt haben, s. im übrigen oben S. 65-78.

Der zweite Hauptteil beginnt mit der Nennung von zwei Prinzipien (55-59), aus denen dann im weiteren die Erscheinungswelt entwickelt und erklärt wird. Ebenso war einst Hesiod vorgegangen, der an den Anfang nicht nur der zeitlichen Entwicklung, sondern auch seiner Darstellung das Chaos gestellt hatte; Spätere hatten dann als Prinzip das Wasser, das Apeiron (das Unbegrenzte – Unbestimmte) oder die Luft genannt. Von ihnen allen unterscheidet sich Parmenides dadurch, daß er mit *zwei* Grundformen rechnet. Sie sind primär dadurch charakterisiert, daß jede mit sich selbst identisch ist und bleibt, von der anderen aber antithetisch geschieden ist (57-59). Womit der entscheidende Schritt zu einer physikalischen Welterklärung getan ist: Denn solange nur ein Prinzip angenommen wird, bleibt der Versuch, aus ihm die gesamte Erscheinungswelt herzuleiten, dem genealogischen Denkschema verhaftet und verharrt trotz allem in mythischen Vorstellungen. Erst bei Annahme (mindestens) von zwei Grundformen wird es möglich, die Vielfalt der Erscheinungen gleichsam physikalisch aus dem jeweiligen Mischungsverhältnis dieser Grundformen zu erklären, die Formen selbst aber hinter oder in allen Erscheinungen konstant zu denken. Von hier führt dann ein gerader Weg zum Atomismus der folgenden Generation (Leukipp, Demokrit).

Die beiden Prinzipien können nur zusammen genannt werden; eines allein zu nennen, ist nicht möglich bzw. nicht erlaubt (Vers 54 τῶν μίαν οὐ χρεών ἐστιν). Für beide Prinzipien werden Zeichen gesetzt, die, wie in 55-59 deutlich wird, als Gegensätze gedacht sind, die sich gegenseitig bedingen: für das eine Prinzip das ätherische, milde und leichte Feuer, für das andere die dumpfe, feste und schwere Nacht.

Gerade darin aber, daß die beiden Grundformen sich wie These und Antithese gegenseitig bedingen und nur gemeinsam genannt werden können, liegt nun nach Parmenides der Irrtum der Menschen (54 ἐν ᾧ πεπλανημένοι εἰσίν). Doch dieses Verdikt besagt nicht, daß die Menschen ihren Irrtum vermeiden können, sondern betont die grundsätzliche Schwäche aller Naturerkenntnis, indem es den Grund dieser Schwäche in den Bedingungen aufzeigt, unter denen allein die empirischen Phänomene angemessen beschreibbar und erklärbar sind. Beschreibbar und erklärbar sind die Phänomene mit Hilfe der Annahme *zweier* Grundformen; das war gegenüber älteren Versuchen der entscheidende Fortschritt, der es der Göttin erlaubte, eine ‚passende, wahrscheinliche‘ (Vers 60) Welterklärung zu liefern. Aber diese Bedingung, unter der eine wahrscheinliche Erklärung möglich war, nämlich die Annahme zweier Prinzipien, verstieß nun ihrerseits, wie Parmenides zu sehen meinte, gegen die Evidenz der Ausführungen des ersten Hauptteils, vornehmlich also gegen den Ausschließlichkeitscharakter der Grundalternative und die Einzigkeit des Grundbegriffs. Denn innerhalb der Grundalternative bestand die Funktion des ausschließenden ‚oder‘ gerade darin, von zwei Möglichkeiten eine auszuschließen: übrig blieb der Grundbegriff εἶναι. Und eben dieser Wirkung des ausschließenden ‚oder‘ schien die Annahme *zweier* Prinzipien sich zu entziehen und statt dessen mit einem ‚sowohl – als auch‘ rechnen zu wollen; was nach B 6,8 ff. der entscheidende Fehler ist.

Wenn nicht alles täuscht, ist Parmenides hier der ‚Evidenz‘ bzw. der Suggestion seiner Grundalternative deshalb erlegen, weil er in dem Satz ‚es ist (so/gegenwärtig/wahr) oder es ist nicht (so/gegenwärtig/wahr)‘ weder die möglichen Funktionen von ‚nicht‘, noch die verschiedenen Bedeutungen von ‚ist‘ (s. oben S. 105 ff.) unterschieden hat. Im einen Fall wird durch ‚nicht‘ die Existenz, andernfalls – wenn nämlich ‚ist‘ als Copula nur einen Bestandteil des grammatischen Prädikats bildet – wird lediglich ein

Prädikat verneint. Beides ist streng voneinander zu scheiden. Doch Bedeutung und Notwendigkeit von Unterscheidungen solcher Art sollten erst Spätere einsehen; und im Grunde hat erst Platon aus dem Dilemma einen Weg gewiesen, indem er zeigte, daß der Satz ‚es ist nicht so' keineswegs bedeutet ‚es existiert nicht', sondern vielmehr ‚es ist (zwar nicht so, aber) anders'. Platon kann dafür auch sagen: In der Verneinung meine ich nicht ein Nichts, sondern etwas anderes. Solange aber Probleme dieser Art nicht gesehen und einer Klärung zugeführt waren, konnten hier in der Tat unsichtbare Fallstricke liegen.

Es mag uns heute eigentümlich berühren, daß Parmenides trotz dieser Verstrickung, oder richtiger: gerade mit Hilfe dieser Verstrickung sich in der Lage sah, die auch von seinen Zeitgenossen vertretene These, Naturerkenntnis, da nur auf Deutung von Symptomen basierend, komme über Wahrscheinlichkeiten nicht hinaus, auf gesicherten Boden zu stellen: Die Annahme *zweier* Grundformen war einerseits die Bedingung, unter der eine einleuchtende, passende, wahrscheinliche Weltbeschreibung gegeben werden konnte, und verstieß andererseits doch, wie er zu sehen meinte, gegen die Grundalternative; weshalb es Evidenz hier nicht geben konnte.

Zum einzelnen. Zur Verbindung λόγον ἠδὲ νόημα (Vers 50) s. oben S. 123. – Für die Frage, ob in Vers 51 (ἀμφὶς ἀληθείης) Evidenz als Charakter der Ausführungen des ersten Hauptteils oder aber als Charakter des Gegenstandes, dem diese Ausführungen gelten, gemeint ist, s. oben S. 95 f. Für δόξαι ‚Eindrücke' s. oben S. 72-75. – Für ἀπατηλός ‚trügerisch' (Vers 52) s. oben S. 73. Die Eindrücke der Menschen, die die Göttin in trügerischer Rede vortragen wird, sind identisch mit der von der Göttin vorgetragenen wahrscheinlichen Welteinrichtung (Vers 60). – In Vers 53 ist γνώμην κατατίθεσθαι (vgl. Theogn. 717) zu verstehen wie γνώμην τίθεσθαι: ‚seine Meinung im Sinne einer Willensäußerung kundtun' (Herodot III 80,6; VII 82; VIII 108,2). – In Vers 54 macht der Relativsatz (τῶν μίαν οὐ χρεών ἐστιν) immer wieder Schwierigkeiten: Sind die Worte ‚von denen eine nicht genannt werden darf' aus der Perspektive der Menschen oder der Göttin gesprochen? Wäre letzteres der Fall, würde mit ihnen ein Urteil über die δόξαι gefällt. Ein solches Urteil aber ist zweifellos in den folgenden Worten (ἐν ᾧ πεπλανημένοι εἰσίν) enthalten. Die zwei Halbverse würden demnach dasselbe sagen. Also sind die fraglichen Worte aus der Perspektive der Menschen gesprochen. Mit anderen Worten: Die Göttin urteilt hier nicht, sondern sie referiert; sie referiert allerdings nicht einfach menschliche Eindrücke und Meinungen, sondern deren Implikationen (womit sie die schon in B 6,8 f. befolgte Methode anwendet). Also: Die beiden Grundformen Feuer und Nacht gehören antithetisch zusammen; die eine kann ohne die andere als ihren Gegensatz nicht gedacht werden; von den zwei Grundformen kann eine allein nicht genannt werden. Die fraglichen Worte „bezeichnen ganz einfach und objektiv das komplementäre Wesen der beiden von den Menschen benannten Gestalten. Licht ist nur Licht, sofern es auch Dunkel gibt, Dunkel ist Dunkel nur, weil es Licht gibt. Jedes der beiden ist ein ‚Anderes'" (Hölscher). – In Vers 55 ist δέμας entsprechend zahlreichen epischen Formulierungen (z. B. E 801, N 45, β 268) Akkusativ der Beziehung. – Die ganze Periode der Verse 55-59 enthält als einziges Verbum ἔθεντο (55); das führt zu einer gewissen Unübersichtlichkeit und einem leichten Anakoluth in der Konstruktion. Sachlich gemeint ist: Für die beiden Grundformen haben sie Zeichen gesetzt, für die eine das Feuer, für die andere die Nacht. ‚Zeichen' sind also nicht etwa nur die jeweils drei Prädikate, die Feuer und Nacht erhalten, sondern Feuer und Nacht selbst. Feuer und Nacht sind als Zeichen gesetzt für die beiden Grundformen; das bedeutet in leichter Modernisierung: Feuer und Nacht werden hypothetisch als Prinzipien angenommen, um mit Hilfe dieser Hypothese die Welt zu erklären. Wie Feuer und Nacht selbst, so sind auch ihre drei Prädikate antithetisch gedacht: hier ätherisch (der

Äther ist die obere reine Luftschicht, bis zu der der Olymp reicht und wo die Götter wohnen), mild, leicht, dort dumpf (eigentlich ‚unerfahren, unkundig'): in der Nacht läßt sich nichts erkennen, wohl aber im hellen Licht des Äthers), fest und schwer. Grammatisch korrekt sollte dem τῇ μὲν (Vers 56) ein τῇ δὲ (Vers 58) entsprechen; statt dessen steht hier mit einem Wechsel des Kasus und des grammatischen Geschlechts ἐκεῖνο; anstelle von ‚für die andere Grundform haben sie die Nacht gesetzt' heißt es also: „jenes haben sie als Nacht gesetzt". Dieser grammatische Wechsel wird vorbereitet schon durch τῷ δ' ἑτέρῳ (Vers 58), wo eigentlich die feminine Form stehen sollte: „Das Feuer ist sich selbst überall gleich, der anderen Grundform aber nicht gleich". Wenn statt dessen das Neutrum gewählt ist, so in der Absicht, auch formal den Gegensatz schärfer herauszuarbeiten: ἑωυτῷ πάντοσε τωὐτόν, / τῷ δ' ἑτέρῳ μὴ τωὐτόν. – In Vers 57 dient μέγα zur Verstärkung (wie z. B. in A 158, B 480) statt des üblicheren μάλα. πάντοσε τωὐτόν nach der epischen Formel πάντοσ' ἐίσην. – κατ' αὐτό (Vers 58) ‚für sich' wie in Vers 29, wo die reflexive Form steht. Dieses ‚für sich' nimmt zusammen mit τἀντία ‚entgegengesetzt' die vorhergehende Aussage auf: ‚Das Feuer ist sich selbst überall gleich, dem anderen aber nicht gleich. Aber auch (ἀτὰρ καί) jenes andere haben sie für sich, d. h. getrennt von der ersten Form, und ihr entgegengesetzt (τἀντία) gesetzt'. – Zu den Versen 60f. s. oben S. 71. Die Welteinrichtung, wie die Göttin sie vorträgt, ist ‚angemessen, passend, wahrscheinlich' (ἐοικότα), aber als Deutung von Symptomen doch grundsätzlich der Täuschung ausgesetzt und verdient daher auf keinen Fall das Prädikat ‚evident'.

B 9

Textkritik. Die vier Verse sind allein bei Simplikios erhalten. Nach seiner Angabe folgten sie in kurzem Abstand auf B 8,59. Wie viele Verse uns zwischen B 8,61 und B 9,1 fehlen, bleibt ungewiß. – Die unkorrekte Perfektform ὀνόμασται, für die es keine Parallelen gibt, ist metrisch bedingt; die Stellung des Wortes am Versende war durch epische Formeln wie ἔπος τ' ἔφατ' ἔκ τ' ὀνόμαζε vorgegeben; vgl. auch die singulären Formen φῦν (B 8,10), πελέναι (B 8,11 und 45) und μιγῆν (B 12,5).

Erläuterungen. Licht und Nacht sind als die beiden antithetischen Grundformen hypothetisch gesetzt (B 8,53-59). Diesem Urgegensatz sind weitere Gegensatzpaare zugeordnet, wie ätherisch – dumpf, zart – fest, leicht – schwer; solche möglichen Gegensatzpaare sind „das den Kräften von Licht und Nacht Entsprechende" (Vers 2). Auf den Urgegensatz von Licht und Nacht und auf die ihnen zugeordneten Gegensätze werden alle empirischen Phänomene zurückgeführt: Alles wird nach ihnen ‚benannt' (Vers 1 und 2). Und so ist alles von diesen beiden gleich bedeutenden Prinzipien erfüllt; denn einem der beiden Prinzipien läßt sich jede Erscheinung unterordnen (Vers 4).

Aristoteles überliefert für die alten Pythagoreer folgende Tafel von zehn Gegensätzen (Met. 986 a 22): Grenze – Unbegrenztes, Ungerades – Gerades, Eines – Menge, Rechtes – Linkes, Männliches – Weibliches, Ruhendes – Bewegtes, Gerades – Gekrümmtes, Licht – Dunkel, Gutes – Schlechtes, Quadrat – Rechteck. Ähnlich habe sich, so fährt Aristoteles fort, auch der Arzt Alkmaion (über ihn s. auch oben S. 65 und 76f.) geäußert, bei dem allerdings nicht klar sei, ob er von den Pythagoreern oder diese von ihm abhängig seien. Jedenfalls seien auch nach Alkmaion die menschlichen Dinge in der Regel paarweise; doch während die Pythagoreer mit genau definierten Gegensätzen gerechnet hätten, auf die dann alles andere zurückzuführen sei, hätte Alkmaion beliebige Gegensätze angenommen, wie weiß – schwarz, süß – bitter, gut – schlecht, groß – klein. Beide aber, Alkmaion und die Pythagoreer, seien darin einig, daß die Gegenteile die Prinzipien der Dinge seien.

Im Rahmen dieser zeitgenössischen Theorien werden die vier Verse des Parmenides und namentlich der sprachlich und sachlich schwierige Vers 2 verständlich. In Vers 2 ist aus dem Zusammenhang ein Verb wie ‚beilegen, zuteilen' oder vielleicht auch ‚als Namen beilegen' zu ergänzen; der Ausdruck τὰ κατὰ σφετέρας δυνάμεις als grammatisches Subjekt bezeichnet das, was den zu erklärenden Phänomenen (ἐπὶ τοῖσί τε καὶ τοῖς) als deutende Bezeichnung beigelegt wird. Beigelegt wird den einzelnen Phänomenen in der Regel nicht eine der beiden Grundformen, sondern ein spezielleres Prädikat, wie weiblich (B 12,5) oder links (B 17) usw., dem ein eigener Gegensatz korrespondiert, wie männlich oder rechts, usw. Solche spezielleren Gegensätze sind dem Urgegensatz der beiden Grundformen Licht und Nacht untergeordnet, sind gleichsam aus ihm abgeleitet. Parmenides bezeichnet solche spezielleren Gegensätze als „das, was den δυνάμεις von Licht und Nacht entspricht". Der Bedeutung oder der Kraft nach enthält also die Grundform Licht das Männliche, das Rechte, usw., die Grundform Nacht das Weibliche, das Linke, usw. So ist über die speziellen Gegensätze als Mittelglieder letzten Endes jede Erscheinung auf eine der beiden Grundformen zurückzuführen.

Parmenides übernimmt aus den zeitgenössischen Theorien den Gedanken, die empirische Welt mit Hilfe von Gegensätzen zu erklären; worin er sich unterscheidet, ist offenbar der Versuch, die Vielzahl der als Prinzipien angenommenen Gegensatzpaare zu vereinfachen, indem alle möglichen Gegenstände dem Grundgegensatz von Licht und Nacht untergeordnet – als ‚das den Kräften von Licht und Nacht Entsprechende' angesehen – werden.

ἴσων ἀμφοτέρων (Vers 4): die beiden Grundformen sind gleich; ob gleich an Bedeutung oder gleich an Quantität gemeint ist, läßt sich kaum entscheiden.

ἐπεὶ οὐδετέρῳ μέτα μηδέν: „da nichts keinem von beiden zugehört" = „da jedes einem von beiden zugehört". Jedes empirische Phänomen, das erklärt werden soll, kann letztlich auf eine der beiden Grundformen zurückgeführt werden. Diese Aussage kann offenbar nicht die unmittelbar vorher erwähnte *Gleichheit* begründen, denn sie sagt nichts über eine *gleichmäßige* Verteilung der Phänomene auf die beiden Grundformen (d. h.: Der Satz „jedes Phänomen ist einer der beiden Grundformen zugeordnet' ist auch dann noch richtig, wenn etwa die Mehrzahl der Phänomene dem Licht zugeordnet wäre). Der ἐπεί-Satz begründet also die ganze vorhergehende Aussage, namentlich die von Vers 3: Das Ganze ist voll von Licht und Nacht, da jedes Phänomen – durch die Vermittlung der spezielleren Gegensätze – unter eine dieser beiden Grundformen gehört.

B 10

Textkritik. Das Fragment, das nur bei Klemens erhalten ist, scheint sich inhaltlich mit B 11 zu überschneiden; angesichts unserer Unkenntnis der Gliederung des zweiten Hauptteils ist das jedoch kein ausreichender Grund, die Echtheit einer der beiden Versgruppen zu verdächtigen. Diels hat vermutet, B 10 gehöre in die allgemeine Einleitung des zweiten Hauptteils, B 11 aber sei Einleitung für den Unterabschnitt Kosmologie. – Die Verderbnis in Vers 6 ist schon im 16. Jhdt. beseitigt.

Erläuterungen. Von dem astronomisch-kosmologischen Abschnitt des zweiten Hauptteils besitzen wir leider fast nur einleitende Partien (B 10 und 11). Aus der Ausführung sind allein die spärlichen Fragmente B 14 und B 15 und das schwierige Fragment B 12 erhalten.

Nach einem Bericht des Aristoteles-Schülers Eudemos (fr. 146 W.) sollen die Pythagoreer die Reihenfolge der Planeten (Mond, Merkur, Venus, Sonne, Mars, Jupiter, Saturn) bestimmt haben, während Anaximander als erster versucht habe, ihre Größe und ihren Abstand zu bestimmen. In den Zusammenhang dieser Theorien gehören unsere Verse. Die Reihenfolge ihrer thematischen Ankündigung ist vermutlich nicht beliebig, sondern entspricht dem Abstand der Gestirne von der Erde: am weitesten entfernt sind die zuerst genannten Sterne, näher ist die Sonne, am nächsten der Mond; der Himmel als das alles Umfassende wird zuletzt genannt. Nimmt man die Formulierungen ὁππόθεν ἐξεγένοντο und ἔνθεν ἔφυ beim Wort, so sollte „von jeder Erscheinung außer ihrem jetzigen Sein und Wirken auch ihre Entstehung dargelegt werden" (Heinimann).

Zu einzelnem. Das später so wichtige Wort φύσις (Vers 1 und 5), dessen früheste Belege x 303, Heraklit VS 22 B 1. 112.123 sind, wird gebräuchlich erst mit Aischylos, Pindar und Herodot im 5. Jh. Ursprünglich und noch für längere Zeit bedeutet es nicht ‚*die* Natur', sondern entweder ‚die Natur von etwas, sein Wesen, seine Beschaffenheit' oder auch – unter Wahrung seines Charakters als nomen actionis – ‚Entstehung, Werden'. Da das Thema ‚Entstehung' zweimal verbal ausgedrückt ist (Vers 3 und 6), wird φύσις hier eher ‚Beschaffenheit' meinen, wie übrigens auch an den ältesten Belegstellen. – Unter den σήματα (Vers 2) sind nicht nur Sternbilder, sondern auch einzelne Sterne (X 30; Euripides Hec. 1273) zu verstehen. – καθαρός und εὐαγής (Vers 2) als Attribute der Gestirne auch Hippocr. Insomn. 89 (VI 644 L.): ἥλιον καὶ σελήνην καὶ οὐρανὸν καὶ ἀστέρας καθαρὰ καὶ εὐαγέα. – ἀίδηλος eigentlich ‚nicht anzusehen' (Frisk, Griech. etym. Wörterb.; ferner Lexikon des frühgr. Epos), was dann sowohl ‚schrecklich' (wie an einigen der epischen Parallelen), aber auch ‚blendend' (wie bei Parmenides) bedeuten kann. – In Vers 4 gewinnt Parmenides aus dem Namen der Kyklopen, die nur ‚ein rundes Auge haben' (Hes. Theog. 145), ein sonst nicht gebräuchliches Adjektiv. Das Attribut περίφοιτος zeigt, daß der ‚umlaufende' Mond unter den Wandelsternen eine eigene Rolle spielt (s. B 14).

B 11

Die auch syntaktisch unvollständigen Verse – es fehlt etwa: ich werde berichten – sind zu verstehen wie Hesiod Th. 108 ff. Sie kündigen, strenggenommen, keine Beschreibung der Erscheinungen, sondern einen Bericht über ihre Entstehung an. Im übrigen s. die Bemerkungen zu B 10.

Der Äther ist ξυνός, weil er für alle Gestirne das gemeinsame Element ist, in dem sie sich bewegen (vgl. B 10,1). – Der Ausdruck ‚(himmlische) Milch' begegnet neben Namen wie ‚Kreis der Milch' für die Milchstraße auch sonst. Nach Aristoteles hielten einige der sog. Pythagoreer die Milchstraße für einen Weg, den entweder ein fallender Stern genommen habe oder den die Sonne auf ihrer Kreisbahn gehe (Meteorol. 345 a 14ff.) bzw. richtiger: ursprünglich gegangen sei (Stob. I 27,2; p. 226 W.-H.). Nach anderen wieder war sie für die Pythagoreer ein Weg, den die Seelen gehen (Porph. de antro Nymph. 28; p. 75 N.), oder sie war als Aufenthaltsort der Seelen der Hades (Procl. in Plat. Rep. II p. 129,24 K.). Die Datierung dieser und ähnlicher Spekulationen der Pythagoreer bleibt fraglich. Für Parmenides ist die Milchstraße, die für uns hier überhaupt erstmals erwähnt wird, dem Wortlaut nach wie Sonne und Mond eine kosmische Erscheinung, die erklärt werden kann; und das war sie zweifellos auch für die Pythagoreer seiner Zeit. – Ὄλυμπος ἔσχατος: Die Pythagoreer bzw. Philolaos haben nach Aet. II 7,7 (Dox. Gr. 337) zwischen dem Olympos als der äußersten Region, dann dem Kosmos und schließlich dem Uranos als der niedrigsten Sphäre unterschieden. Doch spricht nichts dafür, daß Parmenides hier eine solche Scheidung im Auge hat, vielmehr wird Ὄλυμπος ἔσχατος für ihn identisch sein mit οὐρανὸς ἀμφὶς ἔχων (B 10,5), zumal die Bedeutung ‚Himmel' für Ὄλυμπος schon im Epos begegnet (υ 103 ἀπ' αἰγλήεντος Ὀλύμπου = 113 ἀπ' οὐρανοῦ ἀστερόεντος). – Der Ausdruck ἄστρων θερμὸν μένος hat seine epischen Vorbilder in πυρὸς μένος αἰθο-

μένοιο (Z 182, λ 220, Hes. Theog. 324) und μένος ἠελίοιο
(Ψ 190, κ 160, Hes. Op. 414, Sol. 13,23 W.).

B 12

Textkritik. Das Fragment wird aus zwei Zitaten gewonnen. Nach Simplikios standen die Verse in nicht zu großem Abstand hinter B 8,61. Einige Überlieferungsfehler lassen sich leicht korrigieren; doch an zwei Stellen ist der Text nicht sicher herzustellen. In Vers 1 ist zwischen πλῆντο (so Diels) und πλῆνται (so Bergk und Fränkel) kaum zu entscheiden; die singuläre Form πλῆνται, die als Perfekt zu verstehen ist, auch in B 1,13; der Aorist πλῆντο dagegen stände in leichtem Widerspruch zum Präsens ἵεται (Vers 2), doch gibt es solchen Wechsel im Tempus gerade in kosmogonischem Kontext auch sonst (vgl. Hes. Theog. 212ff.), wie sich auch der metrische Anstoß durch Verweis auf Stellen wie P 499, Σ 50, Ψ 777 erklären läßt (Diels). Gewichtiger aber ist die Unsicherheit in Vers 4; hier liegen Konjekturen sicher nahe, doch angesichts singulärer Formen wie μιγῆν, φῦν, πελέναι und πλῆνται ist – trotz πάντῃ in B 8,44 – vielleicht auch παντᾶ oder παντᾷ als dorische Form vertretbar.

Erläuterungen. Während B 9 von den zwei Grundformen, die Fragmente B 10, 11, 14 und 15 aber von konkreten kosmischen Erscheinungen sprechen, nimmt B 12 eine vermittelnde Stellung ein. Die Verse sprechen offenbar von der Weltentstehung, indem sie zunächst die beiden Grundformen mittels der Vorstellung von ineinander gelegten Ringen in eine systematische Ordnung bringen, die dann ihrerseits die sichtbaren Erscheinungen erklären soll. Dabei orientiert sich die Vorstellung von Ringen, die ineinander gelegt sind – στεφάναι ‚Ringe, Reifen' steht zwar nicht in den wörtlichen Fragmenten, ist aber für diesen Zusammenhang durch Theophrast (Diels, Dox. Gr. 335) sicher bezeugt –, zweifellos an den Kreisbahnen der Gestirne (der Ausdruck στεφάναι offenbar angeregt durch Σ 485 τὰ τείρεα πάντα, τά τ' οὐρανὸς ἐστεφάνωται). Nach Theophrasts Angaben war bei Parmenides der äußerste Rand des Kosmos, der alle anderen Ringe umschloß, fest ‚wie eine Mauer'. Auf ihn folgte ein Feuerring, dem sich immer engere Ringe anschlossen, die zunehmend mit mehr Dunkel versehen waren (Vers 1 und 2). So enthalten die engeren Ringe immer weniger Feuer, in der Mitte aber ruht die Erde, die nur aus Dunklem und Festem besteht. Einer solchen Abfolge entspricht, daß der Mond als der unterste (dazu oben S. 185f.) und daher dunkelste der Planeten zwar zu leuchten scheint, in Wahrheit jedoch nur fremdes Licht spiegelt; s. zu B 14 und B 15.

Wie Parmenides in einem derartigen System empirische Beobachtungen mit spekulativen Elementen rigoros zu verbinden sucht, ist leicht zu sehen. Die Macht aber, die nicht von einem Standpunkt über oder außerhalb der Dinge, sondern mitten unter ihnen alles regelt und sich entwickeln läßt, indem sie die Grundformen zu immer weiteren Mischungen bringt, wird zwar als weibliche Gottheit angesprochen, ist im Grunde aber nichts anderes als das personifizierte System, das systemimmanente Gesetz.

Zu einzelnem. Die Angabe ἐν δὲ μέσῳ (Vers 3) meint so wenig einen konkreten Punkt, der sich lokalisieren ließe, wie etwa ἔνθα in B 1,11. Also nicht ‚in der Mitte' sondern ‚mitten unter ihnen'. – Die ‚abschouliche' Geburt (Vers 4): vielleicht Anklang an orphischen Pessimismus; oder weil die beiden Grundformen an und für sich sie selbst bleiben wollen und daher zur Verbindung gezwungen werden müssen; oder einfach weil Geburten schmerzhaft sind; Erinnerung an epische Formulierungen mag immer mitgespielt haben (z. B. α 249, π 126, σ 272, ω 126). – μιγῆν (Vers 5): singuläre, als dorisch anzusehende Form; vgl. B 8,10 φῦν (statt φῦναι) und Schwyzer I 807.

Ältester unter den Göttern ist Eros. Ähnlich hatte Hesiod, dessen Verse Platon und Aristoteles mit unserem Fragment zusammen nennen, Eros als bewegendes Prinzip an den Anfang, noch außerhalb des genealogischen Stemmas gestellt (Theog. 120).

Für die weiteren Götter des Parmenides läßt uns die direkte Überlieferung im Stich, doch können mit Hilfe eines freilich nicht ganz klaren Berichts bei Cicero (nat. d. I 11,28) die Mächte ‚Krieg' Πόλεμος (bellum) und ‚Streit' Ἔρις (discordia) mit Sicherheit, darüber hinaus vielleicht auch ‚Krankheit' Noῦσος (morbus), ‚Schlaf' Ὕπνος (somnus), ‚Vergessen' Λήθη (oblivio) und ‚Alter' Γῆρας (vetustas) erschlossen werden. Alle diese Mächte begegnen schon im Pantheon Hesiods. Daß ihnen bei Parmenides jeweils ihr Gegensatz gegenübergestellt war, ist aus inneren Gründen wahrscheinlich – die Gegensatzpaare wären dann den beiden Grundformen zugeordnet gewesen (s. oben S. 183 f. zu B 9) – und würde im übrigen dem Verfahren entsprechen, das im Ansatz schon Hesiod befolgte. Offensichtlich hat Parmenides nicht nur die physikalischen Phänomene, sondern ganz wie Hesiod auch jene Mächte beschrieben und erklärt, die das seelische und gesellschaftliche Leben der Menschen bestimmen.

Nach Angaben des Simplikios ist Subjekt unseres Satzes die in B 12,3 genannte Göttin, die „alles steuert". Diese namenlose göttlich-dämonische Potenz ‚ersinnt' die konkret erfahrbaren Mächte in derselben Weise, wie man im homerischen Epos jemandem Schlechtes (α 234, σ 27), Haß (Γ 416) oder den Tod (O 349) sinnen kann: Das in diesem Sinne Ersonnene ist mächtig und wird als wirkend erfahren.

B 14 + 15

Die beiden wichtigen Verse über den Mond werden allein Plutarch verdankt, der sonst nur noch B 1,29f., B

8,4 und B 13 zitiert. Sie zeigen Parmenides im Besitz von Kenntnissen, die aus der indirekten Überlieferung für ihn zu erschließen, man kaum wagen würde.

Der Mond irrt um die Erde; er wandelt im Kreis (vgl. auch B 10,4). Das Licht, das nachts von ihm ausgeht, ist nicht sein eigenes; immer blickt er auf die Sonne, denn auf deren Strahlen ist er angewiesen.

Nach einem Bericht Eudems (fr. 145 W.) gehört die Entdeckung, daß der Mond sein Licht von der Sonne erhält, Anaximenes, der jünger als Anaximander und älter als Parmenides ist. Nach Aetios dagegen (II 28,5; Dox. Gr. 358) haben Thales, Pythagoras, Parmenides, Empedokles, Anaxagoras und Metrodor das Mondlicht richtig erklärt; zwischen Thales als dem Ältesten und Metrodor als dem Jüngsten dieser Reihe liegen etwa 200 Jahre.

Das älteste *direkte* Zeugnis für die richtige Deutung der betreffenden Phänomene sind unsere beiden Verse.

B 16

Textkritik. Die Lesung ἑκάστοτ' ist durch die beiden ältesten Metaphysik-Handschriften und Theophrast am besten bezeugt; ἑκάστῳ und ἕκαστος sind demgegenüber nichts als naheliegende Versuche, den Text zu glätten. Schwierigkeiten bereitet ἔχει, da der bruchstückhafte Text uns über das Subjekt des Satzes im unklaren läßt. Um dieser Schwierigkeit abzuhelfen, versuchten die einen Handschriften ἕκαστος, Stephanus aber κρᾶσις. Doch die vier Verse standen bei Parmenides in einem Zusammenhang, aus dem das grammatische Subjekt deutlich werden konnte. Für den Sinn des Satzes ist die viel erörterte Frage nicht von Belang. – πολυκάμπτων wäre ein bloßes Epitheton ornans, während πολυπλάγκτων den dauernden Wechsel betont (vgl. B 6,6). Das unmetrische und durch nichts zu rechtfertigende παρίσταται (B. Snell, Kl. Schr. 157) ist unter dem Einfluß des von Aristoteles unmittelbar vorher zitierten Empedokles-Verses (VS 31 B 108) entstanden.

Erläuterungen. Die drei Autoren, denen wir das Fragment verdanken, geben ihrerseits Erläuterungen; dabei ordnen Aristoteles und Theophrast die Verse in eine Problemgeschichte ein. Ihre z. T. ausführlichen Bemerkungen seien hier zunächst zitiert.

Aristoteles: „Einige sind, ausgehend von der Sinnenwelt, zu der Meinung gekommen, die Wahrheit liege in den Erscheinungen. Denn die Wahrheit, meinen sie, könne nicht nach der Stimmenzahl beurteilt werden: Ein und dasselbe schmecke den einen süß, den anderen bitter, so daß, wenn alle krank oder verrückt wären, nur zwei oder drei aber gesund oder bei Sinnen, eben diese (zwei oder drei) als krank oder verrückt gelten würden, die anderen aber nicht. Ferner? Viele Lebewesen hätten von denselben Dingen einen dem unsrigen entgegengesetzten Eindruck; aber auch jeder einzelne für sich erführe in der sinnlichen Wahrnehmung nicht immer dasselbe. Was nun davon wahr oder falsch sei, sei also unklar; denn das eine sei um nichts mehr wahr als das andere, sondern beides in gleicher Weise. Deshalb sagt denn auch Demokrit, entweder sei nichts wahr oder es sei jedenfalls uns unklar. Kurz: Weil sie Erkenntnis als Sinneswahrnehmung, diese aber als Veränderung deuten, halten sie das in der Sinneswahrnehmung Erscheinende notwendigerweise für wahr. Das sind die Gründe, kraft derer Empedokles, Demokrit und fast alle anderen solchen Meinungen verfallen sind. So sagt etwa Empedokles, indem sich der Zustand der Menschen verändere, ändere sich auch ihre Einsicht (VS 31 B 106):

,Denn auf Grund des Gegebenen wächst in den Menschen die Einsicht',

und an einer anderen Stelle sagt er (B 108):

,In welchem Maße sie anders werden, in demselben Maße wird ihnen auch zuteil, anderes zu begreifen.'

Und in derselben Weise äußert sich Parmenides (B 16): ... Aber auch von Anaxagoras wird eine Äußerung überliefert, die er zu Freunden getan habe: Die Dinge seien für die Menschen das, für was sie sie hielten."

Vgl. hiermit auch Aristoteles, De anima 427 a 17 (Übersetzung nach Theiler): „Wenn die Forscher die Seele hauptsächlich durch zwei unterschiedliche Merkmale bestimmen, durch die Ortsbewegung und durch das Denken und Wahrnehmen, wenn aber auch das Denken und Begreifen eine Art Wahrnehmung scheint – denn bei diesen beiden Tätigkeiten erfaßt und erkennt die Seele etwas von den Dingen – und die Alten das Denken und Wahrnehmen gleichsetzen, wie auch Empedokles sagte: ‚Nämlich auf Grund des Gegebenen erwächst in den Menschen die Einsicht' (B 106), und anderswo: ‚Daher wird ihnen jeweils zuteil, anderes zu begreifen' (B 108). Eben das meinte auch Homer mit: ‚Denn nur so ist der Sinn der Erdenmenschen, wie den Tag heraufführt der Vater der Menschen und Götter' (σ 136). Denn alle fassen das Denken als Körperliches wie das Wahrnehmen auf und meinen, man nehme wahr und begreife mit dem Gleichen das Gleiche. ..."

Theophrast (Übersetzung nach Hölscher): „Über die Wahrnehmung gibt es im großen und ganzen zwei Anschauungen. Die einen nehmen an, daß sie durch das Gleiche zustande komme, die anderen durch das Entgegengesetzte: Parmenides, Empedokles und Platon durch das Gleiche, die Anhänger des Anaxagoras und Heraklits durch das Entgegengesetzte ... Parmenides nun hat über die einzelnen Sinneswahrnehmungen überhaupt nichts Bestimmtes geäußert, sondern lediglich, daß es zwei Elemente gibt und daß die Erkenntnis sich nach dem überwiegenden richte. Wenn nämlich das Heiße oder das Kalte überwiege, dann verändere sich das Denken. Besser aber und reiner sei dasjenige vermittels des Heißen; allerdings bedürfe auch dieses eines gewissen Maßverhältnisses: (B 16). ‚Wahrnehmen' nämlich und ‚Denken' betrachtet er als dasselbe; von diesen (Heiß und Kalt) komme aber auch Gedächtnis und Vergessen zustande durch ihre Mischung. Wenn aber die Mischung gleich ist, ob dann Denken stattfinde oder nicht, oder wie dann der Zustand sei, hat er nicht weiter erklärt. Daß er aber auch durch das Gegenteil für sich allein Wahrnehmung geschehen läßt, wird deutlich aus den Versen, in denen er sagt, daß der Tote wegen des Verlustes des Feuers Licht, Wärme und Stimme nicht wahrnehme, wohl aber ihre Gegensätze: Kälte, Schweigen, usw. Überhaupt hat nach ihm jegliches Seiende irgendeine Art von Erkenntnis."

Alexander: „Parmenides meint mit diesen Worten: Wie der Körper sich hinsichtlich seiner Meinung und Verfassung bei einem jeden verhält, so verhält sich auch das Denken; wobei angenommen wird, daß das Denken von der Mischung und Veränderung des Körpers abhängt."

Unsere Gewährsleute stimmen in der wichtigen Einsicht überein, daß in den vier Versen das Denken – entsprechend der Gewohnheit der Alten – als eine Art Wahrnehmung verstanden wird. Dabei liefert die sinnliche Wahrnehmung für die Deutung der geistigen Erkenntnis in zweierlei Hinsicht das Modell: (a) Wie die sinnliche Wahrnehmung so wird auch das Denken durch Objekte affiziert; beides, Wahrnehmen und Denken, sind daher primär rezeptive Akte. (b) Die Erfahrung lehrt, daß bei identischem Objekt verschiedene Subjekte keineswegs immer dasselbe wahrnehmen; die Wahrnehmung ist offensichtlich nicht allein durch die Beschaffenheit des wahrgenommenen Objekts, sondern auch durch die Beschaffenheit des wahrnehmenden Subjekts bestimmt (Beispiele: heiß – kalt, süß – bitter); Entsprechendes gilt für die geistige Erkenntnis.

Wenn nun nach diesen Berichten einige frühe Theoretiker in der Meinung übereinstimmen, die wahrnehmende Erkenntnis sei nicht autonom, sondern irgendwie bedingt, so haben schon Aristoteles selbst und spätere Gelehrte zur Erläuterung zwei vergleichbare Äußerungen aus der alten

Poesie angeführt. So weist Aristoteles, wie wir oben sahen, auf Homer: „Denn immer nur so ist der Sinn der Erdenmenschen, wie den Tag heraufführt der Vater der Menschen und Götter" (σ 136 τοῖος γὰρ νόος ἐστὶν ἐπιχθονίων ἀνθρώπων, / οἷον ἐπ' ἦμαρ ἄγῃσι πατὴρ ἀνδρῶν τε θεῶν τε). Ps.-Plutarch (VII 424 Bernardakis) aber und Aelius Theon (Rhet. Gr. I 152 W. = II 62 Sp.) um 100 n. Chr. notieren die Beobachtung, daß die Homerverse von Archilochos variiert werden: „Einen solchen Sinn haben die sterblichen Menschen, wie Zeus einen jeden Tag heraufführt, und sie denken das, worauf sie jeweils treffen" (fr. 68 D. = 131 + 132 W. τοῖος ἀνθρώποισι θυμός, Γλαῦκε Λεπτίνεω πάϊ, / γίνεται θνητοῖς ὁκοίην Ζεὺς ἐφ' ἡμέρην ἄγῃ, / καὶ φρονέουσι τοῖ', ὁκοίοις ἐγκυρέωσιν ἔργμασιν). Und im 2. Jhdt. n. Chr. verbindet die Homer- und Archilochosverse unter erkenntnistheoretischer Fragestellung auch Sextus Empiricus (adv. math. 7,128). Während allerdings Homer und Archilochos von einer Stimmung oder Gesinnung sprechen, die durch äußere, u. U. von den Göttern bewirkte Lebensumstände bedingt werde, spricht Parmenides davon, daß die geistigen Wahrnehmungen und Vorstellungen des einzelnen Menschen von seiner gleichsam physischen Beschaffenheit abhängen. Der sprachliche und sachliche Zusammenhang zwischen den drei Stellen ist gleichwohl kaum zu übersehen; denn alle drei – Homer, Archilochos und Parmenides – sprechen von einem strengen Korrespondenzverhältnis: Auf der einen Seite als das Bedingte das Innere des Menschen bzw. sein νόος oder θυμός; auf der anderen als das Bedingende die Götter, die Umwelt oder – bei Parmenides – die physische Konstitution.

Trotz dieser Hilfe, die uns antike Autoren für die Gesamtdeutung des Fragments geben, sind die einzelnen Verse nicht ohne Schwierigkeit. ‚Wie die Mischung der Glieder, so der νόος': Von Theophrast wird uns bestätigt, daß damit die beiden Prinzipien Heiß und Kalt – und natürlich ihre Differenzierungen; vgl. B 8,55-59 und B 9 – gemeint sind. Auch der Mensch ist von ihnen bestimmt, sie sind in ihm enthalten, und je nach ihrem augenblicklichen (ἑκάστοτ') Mischungsverhältnis bestimmt sich sein νόος. Zugrundeliegt, wie wieder Theophrast bestätigt, der alte Satz, daß Gleiches zu Gleichem strebt. Dieser Grundsatz, der schon dem Mythos bekannt und heute jedem durch Goethes „Wär nicht das Auge sonnenhaft, die Sonne könnt es nie erblicken; …" geläufig ist, wird hier gleichsam rationalisiert und bietet so die Grundlage für den allerersten Versuch, eine Erklärung der sinnlichen und geistigen Wahrnehmung zu geben. Eine in Einzelheiten ausgearbeitete Theorie war dabei aus verständlichen Gründen nicht beabsichtigt; vielmehr hat sich Parmenides damit begnügt, das in jedem Wahrnehmungs- und Erkenntnisakt waltende Grundverhältnis zu formulieren: Je nach der Mischung der beiden Prinzipien, die die gesamte Welt und also auch den Menschen durchwalten, bestimmt sich gemäß dem Grundsatz ‚Gleiches durch Gleiches' die Wahrnehmung des einzelnen Menschen. Nur eine Konsequenz dieses theoretischen Ansatzes ist dann die Annahme, daß alle Dinge und also auch der Tote eine Art Wahrnehmung besitzen; was Theophrast denn auch ausdrücklich für Parmenides bezeugt.

Die zahlreichen Erörterungen, die dem zweiten Satz des Fragments gewidmet sind, führen immer wieder auf die Frage, wie τὸ αὐτό verstanden werden muß. Je nach dem ergeben sich ganz verschiedene Übersetzungen, z.B.: „Denn dasselbe ist es, was denkt, die innere Beschaffenheit der Glieder bei den Menschen allen und jedem" VS; „denn identisch mit dem, was man denkt, ist die Natur der Glieder, bei allen Menschen und bei jedem" Fränkel; „denn die Beschaffenheit der Körperteile ist dasselbe, was sie denkt" Hölscher; „denn dies eben ist es, was die Beschaffenheit der Gliedmaßen denkt" Hölscher; „for the same thing is that the nature of the body thinks in each and in all men" Tarán. – Die Auffassungen, die m. E. sprachlich allein möglich sind, seien hier vorgeführt.

Entweder ist τὸ αὐτὸ ὅπερ eng zu verbinden und dann zu übersetzen: ‚dasselbe was' oder richtiger ‚eben das was'. Dabei ist zu beachten, daß durch Wortverbindungen vom Typ ὁ αὐτὸς ὅσπερ nicht etwa verschiedene Gegenstände oder Begriffe miteinander identifiziert – (wie so etwas ausgedrückt wird, zeigt B 3) –, sondern daß über ein und denselben Gegenstand verschiedene Aussagen gemacht werden; wie die Beispiele für diesen Sprachgebrauch hinlänglich zeigen, z.B.: ‚er führte ihn eben den Weg, den auch die anderen gegangen waren' (ϑ 107), ‚sie trugen immer denselben Namen, den sie jetzt tragen' (Herodot I 171,5); ferner Ψ 480; η 55; Herodot VII 24; 168,1; VIII 42,2; 143,2; IX 90,1; Platon Apol. 22 C; Xenophon Anab. II 1,22. Die Übersetzung des ganzen Satzes kann daher nicht lauten: „Denn die Natur der Glieder ist eben das, was sie erkennt" – (Ein solcher Satz würde zudem die Natur der Glieder charakterisieren, der Gedankengang verlangt jedoch eine Charakterisierung der Erkenntnis; ferner spricht auch die Wortstellung entschieden gegen die Annahme, μελέων φύσις sei Subjekt sowohl des Haupt- wie auch des Relativsatzes ὅπερ φρονέει) –, sondern sie muß lauten: „Denn eben das ist es, was die Natur der Glieder denkt bei allen Menschen und bei jedem". Möglicherweise ließe sich diesem Satz ein Gedanke abgewinnen, der sich sinnvoll in den Zusammenhang des Fragments einfügt. Schwierig bleibt aber immer die Frage, was mit ‚eben das' gemeint ist; der Inhalt der voraufgehenden oder der folgenden Aussage? Und wie ist die Begründung zu denken, die dieser Satz doch für den voraufgehenden liefern soll? Und sind die Worte ‚bei allen Menschen und bei jedem' hier nicht eigentlich etwas matt und leer?

Näher scheint daher schon eine Auffassung zu liegen, die ὅπερ als Nominativ faßt und übersetzt: „Denn eben das, was erkennt, ist für die Menschen die Beschaffenheit der Körperteile". Eine solche Übersetzung würde offenbar vorzüglich zur erkenntnistheoretischen Grundthese des Parmenides (daß nämlich Gleiches durch Gleiches erkannt wird) passen. Gegen sie spricht m. E. jedoch die Stellung von ἔστιν: wenn die Worte τὸ αὐτό ὅπερ φρονέει so eng zusammengehören, sollte ἔστιν nicht zwischen αὐτό und ὅπερ, sondern hinter φρονέει stehen. Und außerdem bleiben die Worte καὶ πᾶσιν καὶ παντί auch hier wieder ohne eigentliche Funktion.

Diese sachlichen Bedenken legen nahe, eine andere Auffassung zu erwägen, die sprachlich ebenfalls möglich ist. Ich fasse daher τὸ αὐτό als ‚dasselbe‘ (was es übrigens auch sonst immer bei Parmenides heißt, s. oben S. 144 f. zu B 3), verstehe den Relativsatz ὅπερ φρονέει μελέων φύσις als Subjektsatz und nehme an, daß die auffälligen Worte καὶ πᾶσιν καὶ παντί nicht ohne Absicht gesagt sind: „Denn was die Beschaffenheit der Körperteile begreift, ist bei den Menschen dasselbe und zwar bei allen und bei jedem". Mit anderen Worten: Der Satz nimmt den voraufgehenden Gedanken ‚wie jeweils die Mischung, so das Begreifen‘ auf, indem er seine grundsätzliche Gültigkeit betont, und leitet über zu der pointierten Zusammenfassung: „Nämlich durch das jeweilige Mehr bestimmt sich die Erkenntnis" (Vers 4). Die Behauptung, die jeweilige Mischung bestimme die Erkenntnis, gilt für die Menschen insgesamt (πᾶσιν), sofern sie sich als Menschen von anderen Lebewesen und Dingen durch eine spezifische Mischung unterscheiden, und sie gilt für jeden einzelnen (παντί) insofern, als er in seinem Wahrnehmen, Erkennen und Meinen sich von anderen Menschen unterscheidet, doch darüber hinaus auch mit sich selbst nicht dauernd identisch bleibt: das ‚jeweils‘ (Vers 1) meint den Unterschied zwischen den Individuen ebenso wie die Veränderung und Entwicklung des einzelnen.

Im Schlußsatz (Vers 4) ist die Bedeutung von τὸ πλέον nicht völlig sicher; das Volle oder das Mehrere stehen zur Wahl. Dem ‚jeweils‘ und der ‚Mischung‘ scheint jedoch einfacher und natürlicher eine Aussage zu entsprechen, die besagt, der Gedanke bestimme sich nach dem in der Mischung Überwiegenden.

Über die Stellung des Fragments im Gesamtwerk erfahren wir von unseren Gewährsleuten leider nichts. Theophrast hat zwar, wie seine Erläuterungen zeigen, mehr von Parmenides gelesen als er wörtlich zitiert; aber auch er läßt uns namentlich darüber im unklaren, welche Behauptung, welcher Tatbestand nun eigentlich durch unsere Verse begründet werden sollte. So steht durch das ‚denn' in Vers 1 lediglich außer Frage, daß die vier Verse der Erklärung dienen. Im übrigen sind wir auf Vermutungen angewiesen.

Nun war die Vielfalt menschlicher Lebensformen zur Zeit des Parmenides längst Gegenstand allgemeiner Aufmerksamkeit. Daß andere Völker andere Ansichten etwa über die Götter und von dem, was recht ist, hatten, war längst bekannt. Schon die Odyssee macht fremde Menschen und ihre Sitten zum Thema; »vieler Menschen Städte sah er und lernte ihre Gesinnung kennen«, heißt es von Odysseus; wobei stillschweigend vorausgesetzt wird, daß diese Gesinnungen verschieden sind. Der Mannigfaltigkeit von Anschauungen hatte drastischen Ausdruck dann besonders Xenophanes gegeben, der, etwas älter als Parmenides, auch durchschaut hatte, wie sehr die Menschen mit all ihren Vorstellungen dem Umkreis eigener Erfahrung verhaftet bleiben: „Die Äthiopen stellen sich ihre Götter stumpfnasig vor und schwarz, die Thraker blauäugig und rothaarig" (VS 21 B 16); „wenn Ochsen, Pferde und Löwen Hände hätten und malen könnten, würden sie sich ihre Götter nach ihrem Bilde malen" (B 15). Solche und ähnliche Formulierungen machen deutlich, daß die Bedingtheit aller Anschauungen und ihre Relativität um 500 v. Chr. durchaus schon zu den Themen anthropologischer Überlegungen gehörten. Und auch, daß für den Menschen als solchen gerade das Individuelle typisch ist, war längst in manchen Variationen ausgesprochen; „ein jeder wärmt auf andere Weise sich das Herz", sagt im 7. Jh. Archilochos (fr. 41 D.), der damit aber auch nur eine Wendung der Odyssee (14,228) aufgreift.

Da wäre es verwunderlich, wenn nicht auch Parmenides sich zu diesen viel diskutierten Fragen geäußert hätte. Und das ‚denn' in Vers 1 unseres Fragmentes legt den Gedanken nahe, daß solche Ausführungen unmittelbar vorhergingen. Bei dieser Annahme erhalten unsere Verse eine sinnvolle Funktion. Ihre Bedeutung aber liegt darin, daß hier erstmals versucht wird, für den längst beobachteten Sachverhalt eine einheitliche gleichsam physiologische Erklärung zu finden.

B 17 + 18

Die beiden Fragmente sind durch medizinische Fachliteratur des 2. nachchr. Jh.s. (Galen, Soran) erhalten. Das Werk des Soran liegt uns allerdings nur in der lateinischen Übersetzung des afrikanischen Arztes Caelius Aurelianus (5. Jh.) vor; und dieser hat leider auch die Parmenidesverse, die von Soran zitiert waren, ins Lateinische übersetzt, um – wie er erklärt – eine Vermischung der zwei Sprachen in seinem Buch zu vermeiden. – Zur Erläuterung der beiden Fragmente s. besonders E. Lesky, Die Zeugungs- und Vererbungslehren der Antike und ihr Nachwirken, Abh. Akad. Mainz 1950, S. 39-50 und 56-69.

B 17 handelt von der embryonalen Differenzierung des Geschlechts und ist ein Beispiel dafür, wie die beginnende Wissenschaft volkstümliche Anschauungen aufnimmt und mit ihrer Hilfe die empirische Welt „rational" zu deuten versucht (grundsätzlich zu diesem Vorgang s. E. R. Dodds, The Greeks and the Irrational, Berkeley/Los Angeles ³1959).

Wie der Zusammenhang bei Galen zeigt, spricht Parmenides von der rechten und linken Seite der Gebärmutter. Die Annahme, daß rechts Jungen, links Mädchen entstehen, gründet in altererbtem Erfahrungsgut: Die rechte Seite gilt gemeinhin als die kräftigere und geschicktere. Solche alten Anschauungen sind von den Pythagoreern aufgegriffen und im Rahmen eines ‚Systems' gleichsam rationalisiert: vgl. oben S. 183 die pythagoreische Gegensatztafel, wo ‚rechts' und ‚männlich', ‚links' und ‚weiblich' jeweils zur selben Gruppe gehören.

Für die Übernahme dieser Vorstellung in die medizinische Theorie zur Erklärung der geschlechtlichen Differenzierung ist unser Fragment das älteste Zeugnis. Über Avicenna (um 1000 n. Chr.) und Konrad von Megenburg (14. Jhdt.) hat dieser Erklärungsversuch dann den Anschluß an die Neuzeit gefunden (J. Chr. Hencke, Völlig entdecktes Geheimniss der Natur, sowol in der Erzeugung des Menschen als auch in der willkürlichen Wahl des Geschlechtes der Kinder, Braunschweig 1786) und sich bis in unser Jahrhundert erhalten: Tr. Wymer, Die willkürliche Geschlechtsbestimmung beim Menschen, München 1913.

B 18 dagegen ist kaum sicher zu verstehen; nicht einmal das Thema der Verse läßt sich eindeutig bestimmen. Caelius Aurelianus – und also auch Soranos – zitiert die Verse in einem Zusammenhang, der von Abnormitäten handelt. Zweifellos hat diese Gesamtauffassung auch seine lateinische Übersetzung, die allein uns vorliegt, in einer entscheidenden – doch von uns nicht mehr kontrollierbaren – Weise beeinflußt. Eine sichere Deutung scheint nicht erreichbar zu sein.

Folgen wir der Auffassung unserer Gewährsleute, so handeln die Verse 1-3 sozusagen vom Normalfall: Bei richtiger Mischung des männlichen und weiblichen Samens entstehen wohlgebaute und normal veranlagte männliche oder weibliche Körper. Die Verse 4-6 dagegen sprechen von Sonderfällen: Ein Mißverhältnis bei der Mischung des männlichen und weiblichen Samens führt zu männlichen Nachkommen mit weiblichen Eigenschaften und weiblichen Nachkommen mit männlichen Eigenschaften.

Möglich scheint aber auch, daß Parmenides hier gar nicht von normaler und anormaler Veranlagung, sondern von dem doch wohl näherliegenden Problem der Vererbung gehandelt hat. Wer sich dem Fragenkreis von Zeugung, Entwicklung, Geburt und Vererbung zuwandte, hatte nicht nur die geschlechtliche Differenzierung zu erklären (B 17), sondern u. a. auch die häufige Erscheinung, daß Töchter dem Vater, Söhne aber der Mutter ähneln. In solchen Fällen ließ sich davon sprechen, daß die Mischung des männlichen und weiblichen Samens in keinem eindeutigen Verhältnis erfolgt sei: In einer Tochter, die dem Vater ähnelt, hatte sich für die Bestimmung des Geschlechts offenbar das Weibliche durchgesetzt, in Veranlagung und äußerer Erscheinung aber das Männliche. Bei dieser Deutung müssen wir annehmen, daß mindestens dort, wo die lateinische Übersetzung ‚dirae' und ‚vexabunt' sagt, das griechische Original neutralere Ausdrücke hatte.

B 19

Nach Simplikios beenden die Verse den zweiten Hauptteil. Ob damit auch das Gesamtwerk beendet war, oder ob noch ein allgemeiner gehaltenes Schlußwort folgte, wissen wir nicht.

Im zweiten Hauptteil hat die Göttin bzw. Parmenides die Welt zu beschreiben und zu erklären versucht; wie Parmenides es ausdrückt, referiert dieser Hauptteil die Eindrücke, die die Menschen von der Welt haben (B 1,30; B 8,51), oder auch: gibt dieser Hauptteil eine wahrscheinliche Welteinrichtung (B 8,60).

Wo Erfahrungen und Eindrücke beschrieben, wo Symptome gedeutet werden, dort sind keine evidenten Beweise, sondern nur Wahrscheinlichkeitsaussagen möglich (dazu oben S. 72-75 und S. 137 zu B 1,30). Doch sobald dieser erkenntniskritische Vorbehalt grundsätzlich anerkannt ist, läßt sich auf seiner Basis durchaus eine Kosmologie entwickeln, die als „angemessen, passend, unübertrefflich"

(B 8,60 f.) gelten kann. Eben das nimmt Parmenides für sich in Anspruch.

Und insofern kann er am Ende seiner Welterklärung auch sagen, daß es so, wie es hier beschrieben ist, immer war, ist und sein wird (Vers 1 und 2). Dabei ist die Welt der Erfahrung (κατὰ δόξαν) durch die Vielzahl ihrer Phänomene charakterisiert, die ihrerseits sprachlich beschrieben werden können (Vers 3) und dem ewigen Wechsel von Entstehen und Vergehen unterliegen (Vers 1 und 2).

Zu einzelnem. κατὰ δόξαν ‚gemäß dem Eindruck': Der Ausdruck charakterisiert die Welt der Erfahrung; sofern der Eindruck, den der Mensch von der Welt hat, von eben dieser Welt ausgeht, ist durch κατὰ δόξαν sowohl der empirische Gegenstand wie die empirische Erkenntnis qualifiziert; s. auch oben S. 137 zu B 1,30-32. – Die drei Prädikate für das gemeinsame Subjekt τάδε stehen teils im Singular (ἔφυ), teils im Plural (ἔασι, τελευτήσουσι); für solche Inkongruenz vgl. B 135, μ 43. – ἔφυ, ἔασι, τελευτήσουσι: Für die Meinung des ganzen Satzes bestimmend sind nicht die unterschiedlichen Bedeutungen der drei Prädikate, sondern der Unterschied im Tempus. Parmenides variiert hier den epischen Ausdruck für das, was (immer) war, ist und sein wird (A 70, Hes. Th. 38 τά τ' ἐόντα τά τ' ἐσσόμενα πρό τ' ἐόντα). Die Worte τελευτήσουσι τραφέντα meinen daher nicht etwa den künftigen Untergang der empirischen Welt, sondern das auch in Zukunft stattfindende Vergehen des Entstandenen. Der dauernde Wechsel von Entstehen und Vergehen wird, wie in Vergangenheit und Gegenwart, so auch in Zukunft das Charakteristikum der empirischen Welt sein. – ὄνομα: Die einzelnen Phänomene erhalten jedes ihre sprachliche Bezeichnung; insofern ist Sprache als Summe der Erfahrung charakteristisch für die empirische Welt; s. auch oben S. 161 zu B 7,5 (γλῶσσα), S. 174 f. zu B 8,38 und S. 183 f. zu B 9,1 f.

NACHTRAG

Daß die seit Jahren vergriffene Ausgabe als unveränderter Nachdruck erscheint, bedeutet nicht, daß ich heute nach fast zwanzig Jahren nicht manches anders und einiges vielleicht auch besser machen würde. Es sind ökonomische Gründe, die dem Verlag und dem Autor nur die Korrektur von Druckfehlern sowie kurze Nachträge und eine Neufassung des Literaturverzeichnisses erlauben.

S. 11 zu Vers 11: Σ 340, Ω 745, Hes.Th. 722.724, Hes.Op. 385,562 νύκτας τε καὶ ἤματα

S. 138 Zeile 18 von oben: Heraklit VS 22 B 28 δοκέοντα γὰρ ὁ δοκιμώτατος γινώσκει

S. 139 Zeile 3 von unten: Zum Hiat παναπευθέα ἔμμεν R. Keydell, Quaestiones metricae de epicis Graecis recentioribus. Diss. Berlin 1911. p. 13

S. 145 Zeile 4 von unten: Plat. Phaed. 74c4 οὐ ταὐτὸν ἄρα ἐστὶν ταὐτά τε τὰ ἴσα καὶ αὐτὸ τὸ ἴσον. Theaet. 186e9 οὐκ ἄρ' ἄν εἴη ποτὲ αἴσθησίς τε καὶ ἐπιστήμη ταὐτόν

S. 146 Zeile 6 von oben: Zum Hiat τὸ ἐόν Keydell 11

S. 156 Zeile 3 von oben: vgl. aber auch Γ 79–80, π 5–6
    Zeile 5 von oben: Zum Hiat τὸ ἐόν (32) Keydell 31

S. 189 Zeile 3 von oben: Hes.Th. 382

LITERATURVERZEICHNIS

A) Ausgaben und Arbeiten mit Text der Fragmente

Austin Scott Parmenides. Being, Bounds, and Logic. Yale University Press 1986.

Bormann Karl Parmenides. Untersuchungen zu den Fragmenten. Hamburg 1971.

Brandis Christian August Commentationum Eleaticarum pars I. Altona 1813. p. 85–182.

Casertano Giovanni Parmenide il metodo la scienza l'esperienza. Napoli 1978.

Cordero Nestor-Luis Les deux chemins de Parménide. Édition critique, Traduction, Études et Bibliographie. Paris-Bruxelles 1984.

Coxon A. H. The Fragments of Parmenides. A critical text with introduction, translation, the ancient testimonia and a commentary. Assen/Maastricht 1986.

Diels Hermann Parmenides, Lehrgedicht. Berlin 1897.

– Poetarum Philosophorum Fragmenta. Berlin 1901.

– (VS) Die Fragmente der Vorsokratiker, Band I–III, 5–10. Aufl., hrsg. von Walther Kranz. Berlin 1934 ff.

Fülleborn Georg Gustav Fragmente des Parmenides. Neu gesammelt, übersetzt und erläutert. In: Beyträge zur Geschichte der Philosophie; sechstes Stück. Züllichau und Freystadt 1795. 1–102.

Gallop David Parmenides of Elea. Fragments. A text and translation with introduction. University of Toronto Press 1984.

Hölscher Uvo Parmenides. Vom Wesen des Seienden. Herausgegeben, übersetzt und erläutert. Frankfurt ²1986.

Karsten Simon Parmenidis Eleatae carminis reliquiae (Philosophorum Graecorum veterum operum reliquiae I 2). Amsterdam 1835.

Kirk G. S. and Raven J. E. The Presocratic Philosophers. Cambridge 1957.

Kranz Walther Vorsokratische Denker. Berlin ³1964.

Mourelatos Alexander P. D. The Route of Parmenides. New Haven and London 1970.

O'Brien Denis Le poème de Parménide. Texte, Traduction, Essay critique. In: P. Aubenque, Études sur Parménide. Tome I, Paris 1987.
Riezler Kurt Parmenides. Text, Übersetzung, Einführung und Interpretation. Frankfurt ²1970.
Stein Heinrich Die Fragmente des Parmenides. In: Symbola philologorum Bonnensium in honorem F. Ritschelii collecta. Leipzig 1864–67. p. 763–806.
Stephanus Henricus Poesis Philosophica. 1573. 41–46.
von Steuben Hans Parmenides. Über das Sein. Stuttgart 1981.
Tarán Leonardo Parmenides. A Text with Translation, Commentary, and Critical Essays, Princeton 1965.
Untersteiner Mario Parmenide. Testimonianze e frammenti; introduzione, traduzione e commento. Florence 1958.

B) Monographien und Aufsätze

Burkert Walter Weisheit und Wissenschaft. Studien zu Pythagoras, Philolaos und Platon. Nürnberg 1962.
Calogero Guido Studien über den Eleatismus (Übersetzung von: Studi sull' eleatismo. Roma 1932). Darmstadt 1970.
Cherniss Harold The Characteristics and Effects of Presocratic Philosophy. Journal of the History of Ideas 12, 1951, 319–345 (= Selected Papers. Leiden 1977, 62–88).
Deichgräber Karl Parmenides' Auffahrt zur Göttin des Rechts (Abh. Akad. Mainz). Wiesbaden 1959.
Diller Hans ΟΨΙΣ ΑΔΗΛΩΝ ΤΑ ΦΑΙΝΟΜΕΝΑ. Hermes 67, 1932, 14–42 (= Kleine Schriften, München 1971, 119–143).
Fabricius Johann Albert Bibliotheca Graeca II, Hamburg ⁴1791, 621–23.
Fränkel Hermann Dichtung und Philosophie des frühen Griechentums. München ²1962.
– Wege und Formen frühgriechischen Denkens. München ²1960.
von Fritz Kurt Grundprobleme der Geschichte der antiken Wissenschaft. Berlin 1971.
Gadamer Hans Georg Um die Begriffswelt der Vorsokratiker (Wege der Forschung 9). Darmstadt 1968 [hier vor allem der Beitrag von K. von Fritz, Die Rolle des νοῦς, 246–363].
Gigon Olof Der Ursprung der griechischen Philosophie. Basel ²1968.
Graeser Andreas Parmenides über Sagen und Denken. Mus. Helv. 34, 1977, 145–155.

- Vier Bücher zur Eleatik. Göttingische Gel. Anzeigen 230, 1978, 37-69.
Guthrie W. K. C. A History of Greek Philosophy II. Cambridge 1965, 1-80.
Heinimann Felix Nomos und Physis. Basel 1945.
Heitsch Ernst Gegenwart und Evidenz bei Parmenides (Abh. Akad. Mainz). Wiesbaden 1970.
- Parmenides und die Anfänge der Erkenntniskritik und Logik. Donauwörth 1979.
- Gnomon 50, 1978, 329-335 (Rez.: J. Jantzen, Parmenides zum Verhältnis von Sprache und Wirklichkeit. München 1976).
- Gnomon 60, 1988, 97-106 (Rez.: R. Böhme, Die verkannte Muse. Dichtersprache und geistige Tradition des Parmenides. Bern 1986).
Hölscher Uvo Anfängliches Fragen. Studien zur frühen griechischen Philosophie. Göttingen 1968.
- Der Sinn von Sein in der älteren griechischen Philosophie. SB Heidelberger Akad. der Wissenschaften 1976.
Kahn Charles H. The Greek verb ‚to be' and the concept of being. Foundations of Language 2, 1966, 245-265.
- The Thesis of Parmenides. Review of Metaphysics 22, 1969, 700-724.
- The Verb ‚Be' in Ancient Greek. Dordrecht 1973.
Kühner R. - Gerth B. Grammatik der griechischen Sprache; Satzlehre I und II. Hannover ⁴1955.
Mansfeld Jaap Die Offenbarung des Parmenides und die menschliche Welt. Assen 1964.
Müller Carl Werner Gleiches zu Gleichem. Ein Prinzip frühgriechischen Denkens (Klass.-Philol. Studien 31). Wiesbaden 1965.
Patin A. Parmenides im Kampfe gegen Heraklit. Jahrbücher für class. Philologie, Suppl. 25, Leipzig 1899, 489-660.
Pfeiffer Horand Die Stellung des Parmenideischen Lehrgedichtes in der epischen Tradition. Bonn 1975.
Reinhardt Karl Parmenides und die Geschichte der griechischen Philosophie. Frankfurt ²1959.
Röd Wolfgang Geschichte der Philosophie I: Die Philosophie der Antike 1: Von Thales bis Demokrit. München 1976.
Schmalzriedt Egidius Περὶ φύσεως. Zur Frühgeschichte der Buchtitel. München 1970.
Schmitz Hermann Der Ursprung des Gegenstandes. Von Parmenides bis Demokrit. Bonn 1988. 1-129.

Schwabl Hans Forschungsberichte. Anzeiger für die Altertumswissenschaft 9, 1956, 128–156; 10, 1957, 214–224; 25, 1972, 15–43.
Schwyzer Eduard Griechische Grammatik I–III, München 1938ff.
Shorey Paul Rezension der Abhandlung von Patin, in: American Journal of Philology 21, 1900, 200–216.
Snell Bruno Die Entdeckung des Geistes. Göttingen ⁶1986. 126–138 und 219–230.
Tugendhat Ernst Die Seinsfrage und ihre sprachliche Grundlage. Philos. Rundschau 24, 1977, 161–176.
Verdenius Willem Jacob Parmenides. Some Comments on his Poem. Groningen 1942 (Amsterdam 1964).
– Der Logosbegriff bei Heraklit und Parmenides. Phronesis 11, 1966, 81–98; 12, 1967, 99–117.
van der Waerden B. L. Die Astronomie der Pythagoreer. Amsterdam 1951.
Wiesner Jürgen Die Negation der Entstehung des Seienden. Archiv für Gesch. der Philosophie 52, 1970, 1–34.
– Überlegungen zu Parmenides B 8, 34. P. Aubenque, Études sur Parménide. Tome II, Paris 1987, 170–190.
– Der Beginn der parmenideischen Seinsargumentation (erscheint demnächst).
von Wilamowitz-Moellendorff Ulrich Kleine Schriften IV, Berlin 1962, 45–48.
Zeller Eduard Die Philosophie der Griechen in ihrer geschichtlichen Entwicklung I 1, Leipzig ⁶1919 (Darmstadt 1963), 679–741.

Bei Fragen zur Produktsicherheit wenden Sie sich bitte an:
If you have any questions regarding product safety,
please contact:

Walter de Gruyter GmbH
Genthiner Straße 13
10785 Berlin
productsafety@degruyterbrill.com